Eva Blum | Hans-Joachim Blum

Das ANTI-LAUT PROGRAMM

Mit der Klasse zu mehr Ruhe, Struktur und Disziplin

PRAXIS-ERPROBT

Verlag an der Ruhr

Impressum

Titel
Das Anti-Laut-Programm
Mit der Klasse zu mehr Ruhe, Struktur und Disziplin

Autorenteam
Eva Blum, Hans-Joachim Blum

Umschlagmotive, Kapiteldeckblätter
Hand am Ohr © Shchus, Lautstärke-Symbol © SimpleEPS – beide Shutterstock.com
Download-Icon © JJAVA – stock.adobe.com

Illustrationen
Icons „Reflexion" und „Denkanstoß" © Maksim Ankuda – Shutterstock.com
Download-Icon © JJAVA – stock.adobe.com

Gestaltung, Layout und Satz
ebene N, Mülheim an der Ruhr

Druck
Heenemann GmbH & Co. KG, Berlin, DE

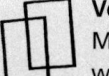
Verlag an der Ruhr
Mülheim an der Ruhr
www.verlagruhr.de

Geeignet für die Klassen 1–10

Urheberrechtlicher Hinweis

Das Werk und seine Teile sind urheberrechtlich geschützt. Jede Verwendung in anderen als den gesetzlich zugelassenen Fällen oder außerhalb dieser Bedingungen bedarf der vorherigen schriftlichen Einwilligung des Verlages. Im Werk vorhandene Kopiervorlagen dürfen vervielfältigt werden, allerdings nur für Schüler*innen der eigenen Klasse/des eigenen Kurses. Die dazu notwendigen Informationen (Buchtitel, Verlag und Autor*in) haben wir für Sie als Service bereits mit eingedruckt. Diese Angaben dürfen weder verändert noch entfernt werden. Die Weitergabe von Kopiervorlagen oder Kopien (auch von Ihnen veränderte) an Kolleg*innen, Eltern oder Schüler*innen anderer Klassen/Kurse ist nicht gestattet.
Editierbare Vorlagen dürfen bearbeitet, gespeichert und für Schüler*innen der eigenen Klasse/des eigenen Kurses vervielfältigt werden. Der Verlag untersagt ausdrücklich das digitale Speichern und Zurverfügungstellen dieser Materialien in Netzwerken (das gilt auch für Intranets von Schulen und sonstigen Bildungseinrichtungen), per E-Mail, Internet oder sonstigen elektronischen Medien außerhalb der gesetzlichen Grenzen. Kein Verleih. Keine gewerbliche Nutzung. Näheres zu unseren Lizenzbedingungen können Sie unter www.verlagruhr.de/lizenzbedingungen/ nachlesen.

Bitte beachten Sie zusätzlich die Informationen unter www.schulbuchkopie.de.

Soweit in diesem Produkt Personen fotografisch abgebildet sind und ihnen von der Redaktion fiktive Namen, Berufe, Dialoge u. Ä. zugeordnet oder diese Personen in bestimmte Kontexte gesetzt werden, dienen diese Zuordnungen und Darstellungen ausschließlich der Veranschaulichung und dem besseren Verständnis des Inhalts.

© Verlag an der Ruhr 2021
ISBN 978-3-8346-4785-6

 Alle im Download befindlichen Dateien finden Sie unter: www.verlagruhr.de/zusatzdownloads

Inhaltsverzeichnis

Vorwort: Wozu ein Anti-Laut-Programm? 5
Zum Aufbau des Buches 7

TEIL 1

1. Wie laut ist eigentlich „laut"? 9

Lautstärke operationalisieren 10
Lautstärkequellen identifizieren und lautes Verhalten beschreiben 12
Trainingsbedarf feststellen 15
Das Anti-Laut-Programm: Ruhe im Unterricht trainieren 16

2. A = Aufmerksamkeit gewinnen 17

Voraussetzungen: Rollen, Aufgaben und Haltung der Lehrperson 18
Das eigene Handeln reflektieren 20
Eigene Möglichkeiten nutzen 26
Erwartungen äußern: klare und wertschätzende Kommunikation 42

3. L = Loben und verstärken 45

Das Gelingende sehen und aussprechen 47
Motivieren durch Beziehungsstärkung 53
Verstärker nutzen 61

4. P = Pädagogisch konsequent handeln 67

Den Blitzer aufbauen 69
Deeskalierend reagieren 72
Logische Folgen aufzeigen 78
Strafen als Ultima Ratio 79

Inhaltsverzeichnis

TEIL 2

5. Das Anti-Laut-Programm Schritt für Schritt **81**

    Planung des Trainings 83
    Ankündigung oder Trainingsvereinbarung 116
    Formulierung des Trainingsplans 119
    Durchführung 121
    Rückmeldung 124

6. Planung für die eigene Klasse **127**

    Planungshilfen 128
    Stolpersteine und Fallen 133
    Was sonst noch wichtig ist 143
    Frequently asked questions 146

7. Und zum Schluss: Das gibt mir Kraft! **151**

Anhang: Literaturverzeichnis und Medientipps **159**

Zeichenerklärung

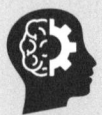 Reflexion

 Denkanstoß

  Übung

  Spiel

 Download-Dateien

Vorwort: Wozu ein Anti-Laut-Programm?

„Seid mal nicht so laut." „Jetzt seid mal endlich leise!"
„Könnt ihr euch denn gar nicht konzentrieren?"
„In meiner Klasse ist es viel zu laut!"
„In der 7b bekomme ich Kopfweh, so laut ist es da."

Kennen Sie diese Aussagen – von sich selbst? Von Kolleg*innen[1]? Von den Schüler*innen Ihrer Klasse? Dann sind Sie nicht allein! Die Klagen über laute und undisziplinierte Schüler*innen haben in den letzten Jahren zugenommen und Studien zeigen, dass **laute und unkonzentrierte Lerngruppen** einer der **größten Stressfaktoren für Lehrkräfte** sind. Dabei wissen wir alle gut – und spüren es täglich –, dass **Ruhe und Stille** uns durchatmen und entspannen lassen. Wir können uns besser konzentrieren, weil weniger Reize auf uns einprasseln (Augen kann man schließen, Ohren nicht!), wir können uns besser auf Wichtiges fokussieren und nehmen unsere Mitmenschen besser wahr. Und es gibt auch **messbare körperliche Reaktionen**: Der Blutdruck sinkt, der Herzschlag und die Hormonausschüttung normalisieren sich, aggressives Verhalten geht zurück. Grund genug also, um für sich selbst und für die Lernenden ein weniger lautstarkes und damit **gesünderes Lernumfeld** herbeizuführen.

Aber wie kann man **Abhilfe schaffen**? In diesem Buch gehen wir davon aus, dass die allermeisten Schüler*innen **nicht aus Bosheit** „laut" sind, sondern weil ihnen die Übung im Leise- oder Stillsein fehlt. Sie kommen aus Elternhäusern, in denen Regeleinhaltung vielleicht nicht so wichtig ist, in denen sie eventuell nur Aufmerksamkeit bekommen, wenn sie sich möglichst „auffällig" verhalten, oder in denen sie „die Bestimmer*innen" sind und von daher nicht gelernt haben, Rücksicht zu nehmen. Kommen diese Kinder dann in die Schule, müssen sie lernen, dass in einer Gruppe, in der gemeinsam gelernt wird, **bestimmte Regeln eingehalten** werden müssen, damit dies gelingt.

Dieses Buch möchte Ihnen daher nicht nur möglichst **praxisnahe Anregungen und Ideen für einen leisen Unterricht** geben, sondern auch ein **strukturiertes Trainingsprogramm** anbieten, mit dem Sie ein auf die Bedürfnisse Ihrer Klasse abgestimmtes, gezieltes Regeltraining durchführen können.

---

[1] Der Verlag an der Ruhr legt großen Wert auf eine geschlechtergerechte und inklusive Sprache. Daher nutzen wir das Gendersternchen, um sowohl männliche und weibliche als auch nichtbinäre Geschlechtsidentitäten einzuschließen. Alternativ verwenden wir neutrale Formulierungen. In Texten für Schüler*innen finden sich aus didaktischen Gründen neutrale Begriffe bzw. Doppelformen.

Vorwort: Wozu ein Anti-Laut-Programm?

Als Leitgedanke haben wir uns dabei an den Anfangsbuchstaben des **Anti-Laut-Programms** orientiert und wie in einem Anagramm Schwerpunkte festgelegt. A – L – P steht für:

A = Aufmerksamkeit gewinnen
L = Loben und verstärken
P = Pädagogisch konsequent handeln

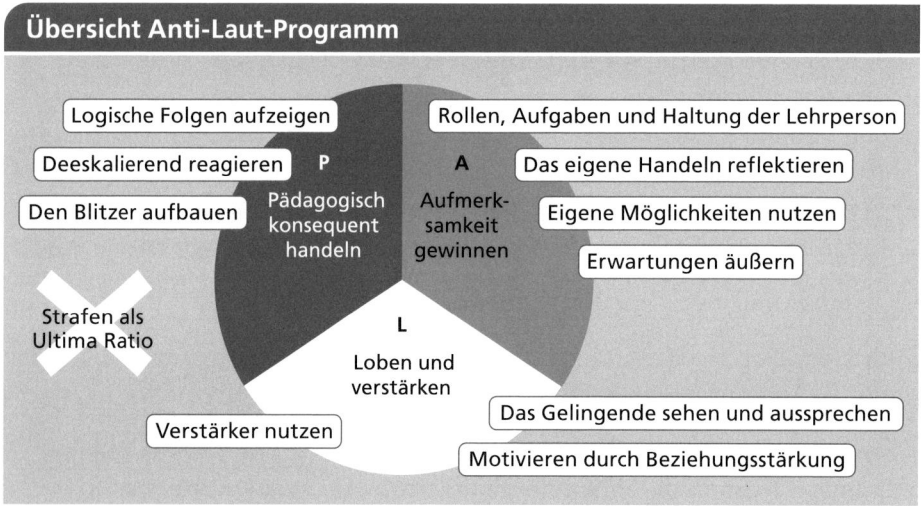

© Verlag an der Ruhr, nach Blum & Blum

Das **Anti-Laut-Programm** wurde nicht im „luftleeren Raum" entwickelt, sondern integriert eine Reihe von Konzepten, die sich auch einzeln für ein genaueres Kennenlernen empfehlen. Die **grundlegende Haltung** und **Sichtweise der Realität** fußen auf den Grundlagen der **humanistischen Werte** und den Erkenntnissen der **systemischen Theorien**. Darüber hinaus finden sich Elemente aus den Arbeiten von Thomas Gordon, Marshall Rosenberg sowie insbesondere der **Neuen Autorität** nach Lemme und Körner.[2] Diese wurden so miteinander verbunden, dass sich daraus **ein praxisnahes Programm** ergibt, das **auch ohne intensives Studium der Einzelelemente nutzbar und gewinnbringend** ist. Allen gemeinsam – und auch Grundlage unserer Arbeit – ist eine Haltung, die Schüler*innen in jeder Situation als „gleichwürdig" betrachtet und gleichzeitig davon ausgeht, dass der*die Erwachsene, die Lehrperson, die Verantwortung für die Beziehungsgestaltung trägt (vgl. Juul 1997).

---

[2] Weiterführende Angaben zu den Ansätzen und Arbeiten finden Sie im Literaturverzeichnis auf S. 160.

Vorwort: Wozu ein Anti-Laut-Programm?

▌ Zum Aufbau des Buches

Dieses Buch besteht aus **zwei Teilen**. Im **ersten Teil** finden Sie nach einigen einleitenden Überlegungen zum Thema „LAUT"stärke in Kapitel 1 zu jedem der drei Buchstaben A – L – P ein eigenes Kapitel. Diese Kapitel 2 bis 4 liefern Ihnen zunächst einige grundsätzliche Gedanken zu den drei Bereichen „Aufmerksamkeit gewinnen", „Loben und verstärken" und „Pädagogisch konsequent handeln". Daran schließen sich jeweils **Übungen oder Hilfestellungen** für Sie selbst oder Ihre Klasse an. Konkrete Übungen und Spiele sind mit entsprechenden Symbolen (siehe Zeichenerklärung S. 4) markiert. Manches davon werden Sie schon kennen, anderes wird Sie anregen, schon einmal Gewusstes zu reaktivieren und möglicherweise wieder in Ihren aktiven Handlungsschatz zu übernehmen. In jedem dieser Kapitel finden Sie, immer wenn Sie das Reflexions-Symbol (siehe Zeichenerklärung S. 4) sehen, deshalb auch **Platz für Eigenreflexionen und Notizen**.

Im zweiten Teil des Buches erhalten Sie dann alles, was Sie brauchen, wenn Sie über diese Anregungen und Hilfestellungen hinaus ein **Trainingsprogramm** mit Ihrer Klasse durchführen möchten. In Kapitel 5 sind die **Grundlagen unseres Anti-Laut-Programms Schritt für Schritt erklärt**. Damit erhalten Sie einen Fahrplan, mit welchem Sie ein Training individuell für Ihre eigene Lerngruppe umsetzen können. Passgenaue **Planungshilfen** finden Sie in Kapitel 5 exemplarisch für einen ersten Einblick verkleinert abgebildet. Um mit den Planungshilfen zu arbeiten, können Sie die zugehörigen Kopiervorlagen kostenlos über den Download-Link (siehe Impressum S. 2) aufrufen. Eine Übersicht aller im Download verfügbaren Dateien finden Sie in Kapitel 6 unter „Planungshilfen". Im Text sind sie mit ⬇ gekennzeichnet. Um das Anti-Laut-Programm zielführend für Ihre Lerngruppe zu planen und umzusetzen, nehmen wir in Kapitel 6 mögliche **Stolpersteine und Fallen** (siehe S. 133) und alles, **„Was sonst noch wichtig ist"** (siehe S. 143), in den Blick. Auch **Frequently asked questions** werden von uns beantwortet. Im abschließenden Kapitel 7 bieten wir Ihnen – immer wenn Sie das Denkanstoß-Symbol (siehe Zeichenerklärung S. 4) sehen – noch einige Ideen, um sich für den oft herausfordernden Alltag in lauten Klassen zu rüsten und Ihren ganz **persönlichen „Goldenen Korb"** zu füllen. Aus diesem können Sie sich in anstrengenden Zeiten oder auch einfach, „weil es guttut", **Kraft und Motivation holen**.

Das Trainingsprogramm und auch die Planungshilfen haben wir für allgemeinbildende Schulen ausgearbeitet. Selbstverständlich ist eine

Vorwort: Wozu ein Anti-Laut-Programm?

Grundschulklasse anders zu behandeln als eine 9. Klasse am Gymnasium. Wir versuchen deshalb, immer wieder unterschiedliche Beispiele, Übungen und auf die jeweilige Altersgruppe abgestimmte Hinweise zu geben. Uns ist jedoch wichtig, dass Sie, liebe Kolleg*innen, **das zugrundeliegende Prinzip des Programms kennenlernen** und **auf Ihre Klasse anwenden können** – unabhängig davon, in welcher Schulart Sie unterrichten oder wie alt Ihre Schüler*innen sind. Deshalb empfehlen wir, dieses Buch zunächst in seiner Gesamtheit zu lesen und anschließend mit der Planung des Trainings zu beginnen. So vermeiden Sie Frust und Fehlschläge, denn wie im Unterricht gilt auch hier: **Eine gute Planung gibt Sicherheit** – und auch Ihre Schüler*innen spüren, wenn Sie als Lehrkraft selbst genau wissen, was Sie tun und wozu es gut ist. Dieses Buch kann Ihnen dabei helfen.

Dennoch sind die in den folgenden Kapiteln zusammengetragenen **Methoden und Tipps** nicht im Sinne eines Rezepts zu verstehen. Bei einem Rezept erwartet man, dass immer dasselbe oder zumindest ein sehr ähnliches Ergebnis herauskommt, wenn man sich nur genau an die Anleitung hält. Das ist jedoch dort, wo man es mit Menschen zu tun hat, ein Ding der Unmöglichkeit. Verstehen Sie die Überlegungen und Anleitungen entsprechend als **Anregung zur Selbstreflexion oder zur Erarbeitung von Handlungsalternativen**. Wenn Sie bisher den Eindruck hatten, dass Ihr Lehrerhandeln erfolgreich war, dann spricht nichts dagegen, es beizubehalten. Wenn Sie aber den Eindruck gewonnen haben, dass es in Ihrer lauten oder unruhigen Klasse besser laufen könnte, lassen Sie sich gerne von den Angeboten inspirieren und probieren Sie aus, was Ihnen davon hilfreich erscheint.

Noch eine Bemerkung zum Schluss: Ein Buch kann nicht alle Besonderheiten, die im Klassenalltag auftreten, berücksichtigen. Deshalb ist es – wie schon bei unserem Buch „Der Klassenrat"[3] ausgeführt – hilfreich, an einer Fortbildung teilzunehmen oder einen pädagogischen Tag zum Thema zu veranstalten, um **mit Kolleg*innen ins Gespräch zu kommen** und auch um **individuelle Fragen klären** zu können. Wenn Sie daran Interesse haben, nehmen Sie gerne Kontakt auf unter info@blum-educonsult.de.

---

[3] siehe Eva Blum und Hans-Joachim Blum: Der Klassenrat. Ziele, Vorteile, Organisation, Verlag an der Ruhr: Mülheim an der Ruhr, 2012.

1.
Wie laut ist eigentlich „laut"?

Lautstärke operationalisieren

Laut – leise? Wir benutzen diese Begriffe einfach so, aber: Was bedeutet das eigentlich? Wenn wir uns etwas **genauer mit diesen beiden Begriffen beschäftigen**, stellen wir bald fest, dass Menschen sehr individuell entscheiden, ob es laut oder leise ist. So ist für manche Schüler*innen (und Lehrkräfte) schon die normale Lautstärke, in der z. B. in der Pause miteinander geredet wird, viel zu laut, während andere diese eher als leise empfinden. Manchmal hängt es neben der **individuellen Lärmempfindlichkeit** auch von unserem jeweiligen momentanen Zustand ab, **ob wir empfindlich auf Lärm reagieren**: Kopfweh, wenig Schlaf, Ärger an anderer Stelle und anderes kann dazu führen, dass uns etwas „laut" vorkommt. Auch **die Art der Geräusche** kann mit dazu beitragen, ob jemand es laut findet. Ein monotones Geräusch wird meist eher als störend empfunden als ein dynamisches. Ein beliebtes Geräusch (z. B. Musik bei einem Konzert) wird auch mit vielen Dezibeln gern gehört, während das Tuscheln während der Klassenarbeit schon störend ist. Wer bestimmt also, ob es „zu laut" ist?

Um **wirkliche Aussagen über „zu laut" treffen** zu können, müssten wir einen Dezibelmesser im Klassenzimmer aufstellen und die Grenze zwischen „laut" und „leise" operationalisieren. Solche **Lautstärkemesser** gibt es bereits in Form von Ampeln oder auch als Handy-App, manchmal auch verbunden mit einem akustischen Geräusch. Ein solches Hilfsmittel kann helfen, um die Schüler*innen zunächst einmal zu sensibilisieren. Im Dauereinsatz führt es allerdings manchmal dazu, dass eine Klasse gezielt, „Lautstärke" produziert, um die Ampel auf Rot zu stellen. Kommt dann noch ein akustisches Signal hinzu, wird es eher lauter als leiser.

Wie können Sie also in der Klasse nachvollziehbar mit dem „zu laut"-Problem umgehen, damit die Schüler*innen auch wissen, was Sie als Lehrkraft meinen, wenn Sie sagen: *„Es ist zu laut."*? Wir haben **gute Erfahrungen mit einem selbst gemachten Lautstärkeregler** gesammelt (siehe Abbildung „Lautstärkeregler" S. 11). Er besteht aus einer **Skala von 0 bis 10**, die Sie schnell an die Tafel malen oder aus Pappe basteln und gut sichtbar an einem festen Platz an der Tafel oder einer Magnetwand anbringen können.

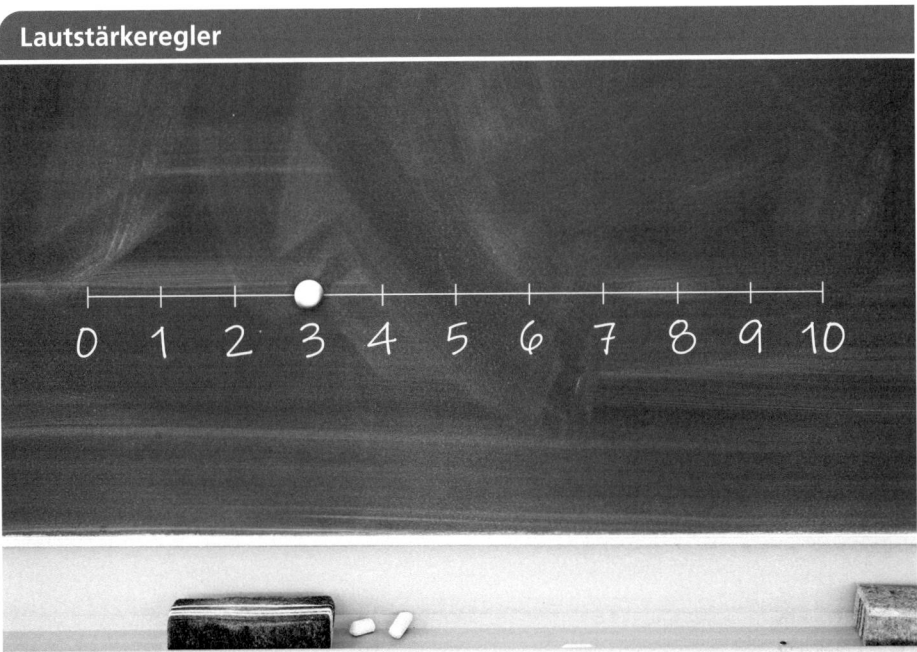

© Verlag an der Ruhr, nach Blum & Blum
unter Verwendung eines Fotos „Tafel" © erikdegraaf – stock.adobe.com

Mit einem Magneten oder mit einer großen Klammer können Sie dann **die erlaubte Lautstärke darstellen**. Dazu müssen die einzelnen Zahlen und ggf. Zwischenschritte **erklärt und operationalisiert** werden.

Unsere eigene Einteilung sieht folgendermaßen aus:
    0 = Stille, also keine Geräusche. Es muss so leise sein, dass man die Wanduhr ticken hört.
    1 = Eine Person darf sprechen, die anderen sind still und hören zu.
    2 = Man darf miteinander flüstern.
    3 = Man darf mit leiser Stimme sprechen. (z. B. bei Gruppenarbeit)
    4 = Man darf mit normaler Stimme sprechen. (z. B. in der Pause)
    5 = Man darf **kurz** (!) laut rufen oder jubeln. (z. B. weil es keine Hausaufgaben gibt)
6–10 = Alles, was lauter als 5 ist, darf nur außerhalb des Schulgebäudes gemacht werden.

Mit dieser Skala können Sie den Schüler*innen **einen Richtwert an die Hand geben**, wenn Sie über „Lautsein" sprechen, und gleichzeitig eine klare Vorgabe machen, welche Lautstärke Sie erwarten. Dazu können Sie **die erwartete Lautstärke visualisieren**, ohne dass Sie selbst sprechen müssen. Mit etwas Training (z. B. *„Schaffen wir es, in Lautstärke 0 in den Stuhlkreis zu kommen?"*) kann man die Schüler*innen häufig sogar wieder „herunterregeln", wenn es doch einmal lauter als angezeigt wird.

Lautstärkequellen identifizieren und lautes Verhalten beschreiben

Wenn in der Schule darüber gesprochen wird, dass es **in der Klasse „zu laut"** ist und man ein „leiser" erreichen will, muss man sich vorab damit befassen, was es denn „zu laut" macht. Also müssen zunächst einmal **die Lautstärkequellen identifiziert** werden, bevor man dazu übergehen kann, **„Leisesein" zu trainieren**. Dazu möchten wir Sie einladen, einmal Ihre laute Klasse vor Ihr geistiges Auge zu holen und zu schauen, was es ausmacht, dass es in der Klasse zu laut ist. Versuchen Sie, das laute Verhalten neutral zu beschreiben, ohne eine negative Wertung hineinzulegen. Nachfolgend ist Platz für Ihr Brainstorming.

Was sind die Lautstärkequellen in Ihrer Klasse?
Beschreiben Sie möglichst genau, was Ihre Schüler*innen sagen und/oder tun, wenn Sie sie als Lautstärkequelle erleben.

Erfahrungsgemäß gibt es **sehr unterschiedliche Geräuschquellen**, die dazu führen, dass Sie und auch oft Ihre Lerngruppe sagen: *„Es ist zu laut."* Die Hauptquelle sind meist **verbale Äußerungen der Schüler*innen**, die, ohne dazu aufgefordert zu sein, in oder durch die Klasse rufen. Dabei gibt es das ganze Spektrum von „den*die Sitznachbar*in mal kurz etwas fragen" über das Hinausrufen einer Antwort bis hin zu Unterhaltungen quer durch das Klassenzimmer oder sogar Beschimpfungen und (abwertende) Kommentare.

Weiterhin häufig sind Geräusche, die aufgrund von **Bewegung am Platz** entstehen, wie z. B. mit den Füßen scharren, den Stuhl bewegen, Kramen im Schulranzen, Sortieren von Dingen (Papier, Stifte).

Auch durch **Bewegung im Klassenzimmer** entstehen Unruhe und Geräusche, wenn Schüler*innen z. B. auf die Toilette gehen, den Stift anspitzen, ein Taschentuch in den Mülleimer bringen oder Material aus dem Schrank holen.

Oft sind auch **Geräusche mit oder ohne Gegenstände** eine Lärmquelle, wenn z. B. mit dem Lineal auf den Tisch geklopft, gegessen oder getrunken wird. Darüber hinaus gibt es **Lautstärkequellen, die von außen kommen,** wie etwa die singenden Schüler*innen im Klassenzimmer nebenan, das Klopfen an der Tür mit Hereinkommen einer Person oder die Lautsprecherdurchsage der Schulleitung.

Manche dieser geräuschvollen Störungen können Sie nicht verhindern, aber wenn Sie **diejenigen Lautstärkequellen verringern, die Sie beeinflussen können**, ist schon viel gewonnen. Denn die meisten Geräusche sind ja nicht nur „laut", sondern sie stören oder verhindern gar gleichzeitig auch **die Konzentration der Klasse auf den Unterrichtsgegenstand**. Bis die Konzentration dann wiederhergestellt ist, vergeht wertvolle Unterrichtszeit.

Eine Sammlung von störenden Lärmquellen zeigt die Abbildung auf S. 14. Diese **exemplarische Sammlung** entstand in einer unserer Fortbildungen zum Anti-Laut-Programm. Sie zeigt, nach Kategorien geordnet (verbale Äußerungen, Bewegung am Platz, Bewegung im Klassenzimmer, Geräusche mit und ohne Gegenstände, Außengeräusche), auf, welche Geräuschquellen von den Fortbildungsteilnehmenden am häufigsten als störend wahrgenommen wurden.

Exemplarische Lärmquellen-Sammlung

verbale Äußerungen	Bewegung am Platz	Bewegung im Klassenzimmer	Geräusche mit und ohne Gegenstände	Außengeräusche
Mitteilungsbedürfnis der Schüler*innen	Füße scharren	Toilettengang	unnötige Geräusche z.B. Reaktionen der Mitschüler*innen	Lärm von außen (Baulärm, Straßenverkehr)
Petzen	in der Schultasche kramen	Lüften	Spielen mit Material	Klopfen an der Tür
Diskussion über Arbeitspartnerwahl	unvorbereitetes Material (Lehrkraft und Schüler*innen)	Trinken	Blödeln / Kichern / Gelächter	Angst / Reaktion auf Insekten (Kreischen...)
Ablenkung und sich daraus ergebende Gespräche	mit dem Stuhl kippeln	Müll wegwerfen	ungezügeltes Mitteilungsbedürfnis (z.B. Schnipsen)	
sich in den Vordergrund drängen			fallende Mäppchen / Stifte	
Beschimpfungen und Reaktionen darauf			Trinkflaschen öffnen	
Phasenwechsel			unbewusste Geräusche	
private Nebengespräche			mit Lineal / Stiften trommeln	
Nachfragen zum Arbeitsauftrag			Singen	
Reden beim Basteln				
Kommentieren				
Zwischengespräche				
Unruhe bei / nach Übergängen				

© Verlag an der Ruhr, nach Blum & Blum

Hat man die Lärm- bzw. Lautstärkequellen zusammengetragen, sieht man, dass nun viele unterschiedliche nebeneinanderstehen. Nicht alle Geräusche sind aber gleichermaßen störend für Sie als Lehrkraft und/oder Ihre Schüler*innen. Hilfreich ist es, die identifizierten Quellen am besten nach den zuvor beschriebenen Kategorien zu sortieren und dann zu gewichten, was davon am störendsten ist. In unseren Fortbildungen werden normalerweise **die verbalen Äußerungen** als die störendsten empfunden. Das liegt zum einen daran, dass verbale Äußerungen der Schüler*innen mengenmäßig sehr häufig sind und dass sie zum anderen gleichzeitig oft nichts mit dem Unterricht zu tun haben oder sogar abwertend sind.

 Gewichten Sie die Lautstärkequellen von S. 12 nach Ihrer persönlichen Wertigkeit. Welche Quelle stört Sie mehr, welche weniger? Hier können Sie an der Skala eintragen.

0 = stört mich gar nicht   10 = stört mich massiv

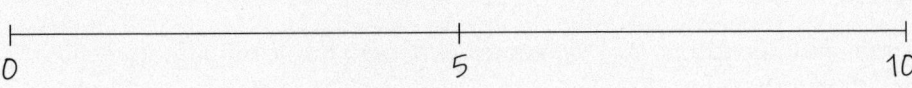

Die **Beschreibung der Lautstärkequellen** und die anschließende **persönliche Gewichtung** ist deshalb nützlich, weil Sie damit das eigene „Unwohlsein" mit der lauten Klasse, ja manchmal sogar den Ärger auf die Schüler*innen handhabbarer machen, was zur eigenen Professionalisierung beiträgt. Denn das, was Sie als Lehrperson an Verhalten beobachten und wie Sie es persönlich bewerten, sind zwei unterschiedliche Schritte. Deren Trennung voneinander ist immer dann hilfreich, wenn Sie Gefahr laufen, die eigenen Emotionen und Bewertungen auf die Klasse zu übertragen („*Ihr seid unmöglich!*", „*Ihr seid die schlimmste Klasse, die ich je hatte!*").

Trainingsbedarf feststellen

Mit den vorherigen Schritten haben wir den Versuch unternommen, das gefühlte „*In der Klasse ist es viel zu laut.*" zu **operationalisieren und beschreibbar zu machen**. Das ist die Voraussetzung, um festzustellen, auf welchen Bereich Sie Ihr Augenmerk legen möchten, um die Lautstärke in der Klasse so zu verändern, dass auch die Stillen und Leisen zu ihrem **Recht**

auf guten Unterricht kommen. Leider geraten diese Schüler*innen vor lauter Lautsein manchmal aus dem Blickfeld und resignieren irgendwann, weil sie **mit ihren Bedürfnissen** nicht wahrgenommen werden. Stattdessen werden sie aggressiv oder gehen mit Kopfschmerzen nach Hause. Wir möchten hier die Auswirkungen von Lärm auf den Menschen nicht vertiefen. Dazu gibt es eine Vielzahl von Studien und Veröffentlichungen, die jede*r gerne selbst nachlesen kann. Vielleicht genügt an dieser Stelle die sehr eindrückliche Wortmeldung einer Mutter bei einem Elternabend in einer Klasse, mit der wir ein Anti-Laut-Programm durchgeführt hatten. Sie sagte: *„Ich weiß zwar nicht, was Sie gemacht haben, aber mein Kind kommt jetzt ohne Aggression aus der Schule. Es schläft gut und hat keine Bauchschmerzen mehr."*

Das Anti-Laut-Programm: Ruhe im Unterricht trainieren

Ruhe im Unterricht ist also ein **zentraler Aspekt des Wohlbefindens für Schüler*innen und Lehrkräfte**, aber auch die Voraussetzung, dass Lernen überhaupt stattfinden kann. Wer schon akustisch gar nicht mitbekommt, was gesprochen wird, kann auch nicht verstehen, was gelernt werden soll. **Das Anti-Laut-Programm** ist dabei **ein flexibles Instrument**, bei dem entweder die „kleinen Interventionen" genutzt werden können oder ein strukturiertes Regeltraining erfolgen kann. Welchen Weg Sie als Verantwortliche*r einschlagen, hängt davon ab, als wie schwerwiegend Sie (und ggf. auch Ihre Schüler*innen) das Problem „Lautstärke" empfinden. Eine Skalierung auf einer Skala zwischen 0 (= kein Problem) und 10 (= schlimmer geht nicht) kann dazu hilfreich sein. Wenn Sie und/oder die Schüler*innen das Laut-Problem im oberen Drittel verorten, sollten Sie dringend über ein gezieltes Trainingsprogramm nachdenken. Verorten Sie und/oder die Schüler*innen es im mittleren Drittel, sollten Sie ein Auge darauf haben und die kleinen Maßnahmen auf den Weg bringen. Liegt die Einschätzung im unteren Drittel, dann gibt es wahrscheinlich dringendere Themen. Ein Regeltraining nach den Grundsätzen und Prinzipien des Anti-Laut-Programms können Sie dann auch mit anderen Themen durchführen, bei denen es um **Selbststeuerung und Regeleinhaltung** geht.

Nachfolgend finden Sie in den Kapiteln 2, 3 und 4, entsprechend den Buchstaben A – L – P, grundlegende Überlegungen, bevor wir auf deren Basis in Kapitel 5 das gezielte Trainingsprogramm ausführlich vorstellen.

2.
A = Aufmerksamkeit gewinnen

Unterricht und was dort geschieht, ist immer ein **Wechselspiel zwischen den Akteur*innen**. Sobald eine Klasse mit einer Lehrkraft zusammenkommt, entwickeln sich Muster zwischen den Beteiligten. Manche dieser Muster sind **hilfreich für einen ruhigen, konzentrierten Unterricht**, andere sind weniger hilfreich. Auch wenn man häufig hört, dass die **„Schüler*innen sich nicht benehmen"** können, so ist doch die **Lehrperson Teil des Geschehens**. Die gute Nachricht: Muster kann man verändern und den Anfang kann jede*r machen, der*die Teil des Geschehens ist. Daher können Sie als Lehrkraft bei einer lauten Klasse bei sich selbst beginnen, indem Sie Ihr Handeln verändern. Das Muster, das sich bewusst oder unbewusst eingespielt hat, wird unterbrochen und ein neues wird etabliert. **Der erste Schritt zur Musterunterbrechung** ist daher der Blick auf sich selbst.

Voraussetzungen: Rollen, Aufgaben und Haltung der Lehrperson

Jede Lehrperson kommt nicht ausschließlich als Sabine Müller oder Franz Schmidt in die Klasse, sondern sie kommt als Lehrkraft **mit einem speziellen Auftrag**. Daher ist es wichtig, sich als Lehrperson darüber im Klaren zu sein, **welche Rolle und welchen Auftrag** sie hat. In unseren Fortbildungen kommen da **meist ganz unterschiedliche Aspekte des Lehrerseins** zusammen, wie z. B.:
- Lehrstoff vermitteln durch angemessenen Unterricht
- Werte und Normen sowie respektvolles Verhalten weitergeben
- eine anregende Lernumgebung bieten
- Beziehungsperson und Vorbild sein
- Mittler*in zwischen Eltern, Lehrpersonen, Schüler*innen, Öffentlichkeit und Kulturen sein
- Schüler*innen aufs Leben vorbereiten
- Persönlichkeit der Schüler*innen entwickeln
- Schüler*innen die Versetzung bzw. einen Abschluss erreichen lassen
- Material beschaffen
- individuell fördern

Je nach Schulart wird der Schwerpunkt sich verändern, aber allen Schularten ist gemein, dass die Schule und damit Lehrkräfte **einen eigenständigen Bildungs- und Erziehungsauftrag** haben. Damit wird klar, dass jede Person, die als Lehrperson in der Schule tätig ist, im Rahmen dieses Auftrags handelt, der der Lehrperson eine **große pädagogische Freiheit** einräumt.

Mit Freiheit untrennbar verbunden ist jedoch immer auch Verantwortung. Dies bedeutet, dass jede Lehrkraft eine **besondere Verantwortung** trägt für das, was im Klassenzimmer passiert. Sie steht insbesondere in der Pflicht, für die Lernatmosphäre und den Umgang miteinander, für die Einhaltung von Regeln und ein zielführendes Lerngeschehen zu sorgen. Umgangssprachlich gesprochen, ist sie der*die Chef*in des Unternehmens. Damit ist klar, dass die Lehrperson nicht auf einer Ebene mit den Schüler*innen steht. Sie hat mehr Erfahrung, mehr Überblick, einen anderen Status im System und sie ist aufgerufen, professionell zu handeln.

Professionalität zeigt sich darin, dass die Lehrperson **neben ihrem Auftrag** (der in der Regel auch in den Schulgesetzen des Landes formuliert ist) auch **ihre Rolle im Klassengeschehen** sowie ihre Haltung zu den Schüler*innen (und den dahinterstehenden Familien) reflektiert und einer regelmäßigen Überprüfung unterzieht. Genau genommen, stehen damit auch **die eigenen Werte und Überzeugungen im Mittelpunkt der Reflexion**. Denn aus Werten und Überzeugungen werden Haltungen und aus Haltungen werden Verhaltensweisen – also das ganz konkrete Handeln im Klassenzimmer.

Beim Anti-Laut-Programm gehen wir davon aus, dass die Schüler*innen nicht aus bösem Willen „laut" sind, sondern weil sie bisher nicht genügend gelernt haben, **sich selbst zu steuern** und **Verantwortung für das eigene Handeln** zu übernehmen. Folglich geht es darum, die Fähigkeiten, die noch nicht beherrscht werden, gezielt zu trainieren und zu fördern. Es geht nicht darum, Schüler*innen zu beschämen, zu bestrafen, es ihnen „zu zeigen" oder sie abzuwerten. Im Gegenteil: Das Anti-Laut-Programm hat dann die beste Wirkung, wenn Sie als Lehrkraft eine Haltung verinnerlicht haben, in der Sie wohlwollend auf die Schüler*innen schauen, in der Sie die Verantwortung für das eigene Handeln und die **Gestaltung der Beziehungen übernehmen**. In diesem Sinne machen Sie sich nicht vom Handeln der Schüler*innen abhängig, sondern haben eine eigene Vorstellung, wie Sie **Ihr pädagogisches Handeln** gestalten wollen. Dabei bleiben Sie beharrlich, ausdauernd und immer wertschätzend. Hilfreich sind zudem folgende Grundüberlegungen, die im **systemischen Denken** verankert sind (vgl. von Schlippe und Schweitzer 2016):

- *„Ich kann den*die andere*n nicht verändern, ich kann nur mein eigenes Handeln steuern."*
  Aus dieser Grundeinstellung entsteht ein Beziehungsangebot, aber auch ein beharrliches „Dranbleiben", um mit nicht angemessenem Verhalten umzugehen (siehe dazu auch das Konzept der neuen Autorität, vgl. Lemme und Körner 2019).
- *„Hinter jedem Verhalten steckt ein Bedürfnis oder ein guter Grund, auch wenn ich das im Moment (noch?) nicht sehe."*

Diese Haltung erleichtert den wohlwollenden Blick auf den*die Schüler*in und verhindert das „Persönlich-Nehmen" von unangemessenen Verhaltensweisen.

- *„Das Verhalten ist nicht die Person."*
  Das bedeutet, dass Person und Verhalten getrennt zu sehen sind, Sie den Schüler*innen als Personen immer Wertschätzung entgegenbringen und aufmerksam in der Benutzung der eigenen Sprache sind.

Diese **Reflexion und Überprüfung** muss jede*r für sich selbst vornehmen. Hilfreich kann dabei ein Gegenüber sein – sei es im privaten Rahmen oder professionell im Coaching –, das als kritische*r Freund*in Fragen stellt und zum „Nachdenken" über die eigenen Werte und Haltungen anregt.

Das eigene Handeln reflektieren

Um das eigene, sichtbare Handeln (das ja aus Werten und Haltungen entsteht, aber viel leichter zugänglich ist) zu reflektieren, möchten wir Sie zu einer **kleinen Übung** einladen. Stellen Sie sich einmal Ihre laute, undisziplinierte Klasse vor und beantworten Sie nun folgende Frage: Was können Sie selbst tun, damit Ihre Klasse sich noch lauter und noch undisziplinierter verhält? Machen Sie ein Brainstorming.

Stellen Sie sich Ihre laute, undisziplinierte Klasse vor. Was können Sie selbst tun, damit sich Ihre Klasse noch lauter und noch undisziplinierter verhält?

....

....

....

....

....

....

Was haben Sie alles aufgeschrieben?
Hier sehen Sie eine kleine Auswahl aus unseren Fortbildungen:
- zu viel gleichzeitig tun
- beleidigen/gereizt reagieren/schreien
- unklare Arbeitsaufträge geben
- keine Strukturen oder Rituale anbieten
- zu schnell oder undeutlich sprechen
- hektisch sein
- schlecht vorbereitet sein
- sich nicht mit Kolleg*innen absprechen
- nicht präsent sein

Diese Zusammenstellung zeigt: **Das Verhalten der Lehrperson hat einen großen Einfluss** auf die Lautstärke in der Klasse. Denn wenn man etwas tun kann, um die Klasse noch lauter zu machen, gibt einem das oft gute Hinweise, wie dazu beigetragen werden kann, dass die Klasse leiser wird.

Verbale und nonverbale Kommunikation

Wichtig sind hier auch die Aspekte des eigenen Verhaltens mit Blick auf **die Art der verbalen und nonverbalen Kommunikation** – insbesondere letztere ein Bereich, der in der Ausbildung oft zu kurz kommt. So ist es wichtig, einmal innezuhalten und sich selbst zu beobachten: Wie betrete ich die Klasse? Wie verlaufen die ersten Minuten? Wie stehe ich vor der Klasse? Wie erkennen die Schüler*innen, dass mein Unterricht beginnt?

Bewährt hat sich eine Körperhaltung, die den Schüler*innen vom Betreten der Klasse an signalisiert, dass die Lehrperson in sich ruht und einen Plan von dem hat, was sie tun will. **Die Bewegungen sollten entspannt und gezielt** und nicht hektisch oder fahrig sein. Die Aufmerksamkeit ist von Beginn an auf die Schüler*innen gerichtet und das Betreten der Klasse ist das Signal, dass der Unterricht beginnt. Sind Sie schon vor den Schüler*innen im Klassenzimmer, gilt es auch hier, ein klares, auch **körpersprachliches Signal** zu geben, wann der Unterricht beginnt. Nicht hilfreich ist es z. B., in die Klasse zu kommen und zunächst einige Minuten in der eigenen Tasche zu kramen (außer die Klasse ist schon so gut trainiert, dass sie weiß, dass jetzt Ruhe angesagt ist).

Für den weiteren Unterricht gibt es **folgende Beobachtungsfragen**:
Wie bewege ich mich im Klassenzimmer? Bin ich für die Schüler*innen präsent? Wie zeige ich ihnen, dass ich „da" bin? Wie spreche ich mit den Schüler*innen? Wie sehen meine Arbeitsanweisungen aus?
Für einen ruhigen Unterricht hat es sich als günstig erwiesen, selbst ruhig zu sein und zu bleiben. Wann immer möglich, sollten Sie diese Ruhe durch Ihre Körpersprache signalisieren: langsame Bewegungen, angemessenes Bewegen durch den Klassenraum, ruhige Stimme, klare Anweisungen mit wenigen Worten.

> **TIPP**
> Wenn Sie die Möglichkeit dazu haben, üben Sie vor einem großen Spiegel oder mit einer weiteren Person. Wie wirken Ihre Bewegungen, Ihre Stimme und Ihre Körperhaltung?

Es ist bekannt, dass **nur ein Bruchteil der Kommunikation (ca. 7 bis 10 %)** über die **gesprochenen Wörter** transportiert wird. Alles Übrige wird über Körpersprache und Stimme übertragen. Daher ist es so wichtig, als Lehrperson in lauten Klassen mit dem Körper und der Stimme zu arbeiten. Dabei sollte die Stimme „aus dem Bauch" kommen und signalisieren, dass Sie entspannt und gelassen sind. Das gelingt immer dann, wenn man mit genügend Luft spricht. Achten Sie einmal auf Ihren Atem! Der Atem wird flacher (man atmet nicht mehr in den Bauch, sondern nur noch in die Brust), die Stimme höher und gepresster, wenn Wut, Angst oder Unruhe in einem vorherrschen. Hier kann man über **gezielte Atemübungen** viel ausrichten, um aus einem Zustand der Unruhe wieder in die Ruhe zu kommen. Manchmal (und mit etwas Übung) braucht es dazu nicht mehr als einen **kurzen Moment der Selbstbesinnung** mit einem tiefen Durchatmen.

> **TIPP**
> Probieren Sie Ihre Stimme aus. Wie klingt sie, wenn Sie tief oder flach atmen? Finden Sie heraus, mit wie viel Luft und mit welcher Stimmlage Sie sich wohlfühlen. Auch hier kann Ihnen eine weitere Person Feedback geben.

Signalisieren Stimme und Körperhaltung innere Ruhe und eigene Klarheit, kann noch **ein Blick auf den Inhalt der Kommunikation** geworfen werden. Dass die Kommunikation **immer wertschätzend** sein und bleiben sollte, muss nicht extra betont werden (siehe dazu auch Kapitel 2 „Erwartungen äußern", S. 42). Grundsätzlich hat es sich in lauten Klassen bewährt, in kurzen, klaren Sätzen und **eher langsam und deutlich**, aber nicht zu laut zu sprechen. Es kann im Gegenteil helfen, selbst leiser zu werden, wenn die Schüler*innen laut sind. Insbesondere Arbeitsanweisungen sollten **kurz und klar** sein. Hilfreich kann es sein, die Anweisung mit einem Signal zu koppeln, dass nun etwas Wichtiges kommt. *„Jetzt zuhören ... (kurze Pause) ... Arbeitsheft S. 13, Übung Nr. 2."* Auch ein akustisches (z. B. Glocke) oder visuelles Signal (z. B. Bildkarte) kann hilfreich sein (siehe dazu auch Kapitel 2 „Hilfsmittel", S. 35).

Stimme, Körpersprache und klare Lehrersprache sind wichtige Einflussgrößen auf die Ruhe oder Unruhe in der Klasse. Genauso wichtig ist aber auch, dass die Lehrperson tatsächlich physisch anwesend ist. In lauten und undisziplinierten Klassen ist es wenig hilfreich, wenn die Lehrperson den **Klassenraum verlässt**, weil sie etwas vergessen hat oder kopieren muss. Das gilt ebenso für das **Umdrehen, um an die Tafel zu schreiben**. Es gibt Klassen, in denen der Lautstärkepegel sofort hochgeht, sobald die Lehrperson sich zur Tafel dreht (Prüfen Sie noch einmal, ob das vielleicht auch in Ihrer Aufzählung auf S. 20 vorkommt). Manchmal ist das Lauterwerden zusätzlich gekoppelt mit dem Werfen von Gegenständen oder dem Herumlaufen. Das ist ein deutliches Zeichen dafür, dass für diese Klasse zunächst mit anderen Mitteln der Visualisierung gearbeitet werden muss (Overhead, Whiteboard, Tablet und Beamer o. Ä.), bei denen der Blickkontakt zur Klasse nicht abbricht.

Präsenz

Ein Teilaspekt der Präsenz ist die nonverbale Kommunikation, die wir im vorherigen Abschnitt behandelt haben. Präsenz geht aber weit darüber hinaus – und führt letztlich zu einer **klaren nonverbalen Kommunikation**. Wir beziehen uns bei den folgenden Ausführungen auf das **Präsenzkonzept der Neuen Autorität nach Lemme und Körner** (vgl. 2019, S. 44 ff.). Danach bedeutet Präsenz nicht nur, dass die Lehrperson körperlich und geistig anwesend ist (physische Präsenz). Vielmehr umfasst Präsenz nach Lemme und Körner insgesamt sechs Aspekte, die wir kurz vorstellen.
Die **physische Präsenz** zeigt sich dadurch, dass Körper und Geist „da sind", die Lehrkraft also nicht mit den Gedanken woanders ist, sondern sich im Hier und Jetzt ganz auf die Klasse ausrichtet. Der Satz, der dies beschreibt, heißt: *„Ich bin jetzt da!"* Die Lehrperson fühlt sich stark und lebendig. Neben der physischen Präsenz führt auch die **pragmatische Präsenz** zu innerer Stärke. In dieser Präsenzdimension erlebt sich die Lehrkraft als

handlungsfähig und kompetent. Sie hat verschiedene Handlungsoptionen zur Verfügung und gerät auch dann nicht aus dem inneren Gleichgewicht, wenn es mal schwierig wird. Fehlende Handlungsoptionen führen meist zu Hilflosigkeit und dazu, dass sich der Zugang zu den Kompetenzen stark verengt. Übrig bleiben dann häufig nur die evolutionären Handlungsmuster aus Kampf (gewinnen wollen, strafen), Flucht (*„Die Klasse sollen mal andere unterrichten."*) oder Totstellen (*„Bitte tut mir nichts!"*). Dieses Buch möchte deshalb auch einen Beitrag dazu leisten, **mehr Handlungsoptionen zur Verfügung zu haben** und damit die **eigene pragmatische Präsenz zu stärken**. Der Satz zur pragmatischen Präsenz lautet: *„Ich bleibe da, auch wenn es schwierig wird!"* (Lemme und Körner 2019, S. 44)

Eine weitere Präsenzdimension ist die sogenannte **internale Präsenz**. Dabei erlebt sich die Lehrperson als jemand, der die eigenen Emotionen regulieren und sich kontrollieren kann. Das bedeutet, dass sie selbst in kritischen Situationen deeskalierend bleiben kann und sich nicht von dem Verhalten der Schüler*innen zur Eskalation oder Abwertung hinreißen lässt. Dies ist eine große Herausforderung, da die Lehrkraft dazu eine gute Kenntnis der eigenen Person und der eigenen „roten Knöpfe" haben muss. Dennoch erscheint gerade dieser Aspekt von Präsenz mit Blick auf „lautes" Schülerverhalten zentral zu sein, um nicht in Vergeltungsgedanken zu verfallen. Der Satz dazu könnte lauten: *„Ich entscheide, was mich provoziert."*

Bei der nächsten Präsenzdimension, der **emotional-moralischen Präsenz**, geht es darum, sich als sicher in den eigenen Wertehaltungen und authentisch im eigenen Handeln zu erleben. Die Präsenz in diesem Aspekt führt dazu, dass man beharrlich dranbleiben kann, regelkonformes Verhalten wie im Anti-Laut-Programm einzuüben, auch wenn es nicht schnell geht oder Rückschläge zu beobachten sind. Ein möglicher Satz könnte lauten: *„Ich bleibe da, weil es mir wichtig ist."*

Die nächste Präsenzdimension, die **intentionale Präsenz**, beschreibt die Absicht, aus der heraus die Lehrperson handelt. Hier sollte die Beziehungs- und Entwicklungsstärkung der Schüler*innen das Leitmotiv des Handelns sein. Damit verbunden ist die Frage, wem oder was das, was die Lehrkraft gerade tut, dient. Eine ehrliche Beantwortung ist dabei nicht immer leicht, aber wichtig, um immer wieder in eine „gleichwürdige" Beziehung treten zu können (vgl. Juul 1997). Der Satz dazu könnte lauten: *„Ich bin da und bleibe da, weil ihr mir wichtig seid."*

Die **systemische Präsenz** schließlich speist sich aus dem Wissen, dass die Lehrperson in ein unterstützendes Umfeld (Kollegium, soziales Netzwerk) eingebunden ist und in kritischen Situationen darauf zurückgreifen kann. In einem solchen Umfeld ist das Zugeben von Fehlern oder das Bitten um Unterstützung ein Zeichen von Stärke. Daraus entsteht Sicherheit und Verbundenheit mit allen Akteur*innen im System Schule.

Die Präsenzdimensionen werden im Konzept der neuen Autorität als **Reflexionsinstrument** genutzt, um daraus Hinweise zu erhalten, in welchen Bereichen die eigene Präsenz noch gestärkt werden kann. Denn **Präsenz ist ein wesentliches Element**, um Autorität zu gewinnen.

Vorbildhandeln

Zur Reflexion des eigenen Handelns als Lehrperson gehört es auch, zu prüfen, ob das **eigene Handeln als Vorbild** dient. Dies ist nicht nur ein moralischer Anspruch an die Rolle als Lehrperson („*Ich kann von lernenden Kindern nichts verlangen, was ich selbst nicht vorlebe.*"), sondern auch ein ganz praktischer Aspekt des Lernens. Viele Menschen lernen am besten über Abschauen, also über das Vorbild. Das hat inzwischen auch **die Hirnforschung nachgewiesen** – die Spiegelneuronen in unserem Großhirn sind dafür zuständig, das **nachzuahmen, was uns unser Gegenüber vormacht**. Natürlich wissen wir, dass die Schüler*innen noch viele andere Personen haben, die ihnen (gutes oder schlechtes) Vorbild sind. Das sollte Sie als Lehrperson aber nicht davon abhalten, den Schüler*innen zu zeigen, **welches ruhige und disziplinierte Verhalten in der Schule sinnvoll und wichtig ist**. Eine Lehrperson, die selbst schreit oder tobt, kann kaum ruhiges und umsichtiges Verhalten verlangen. Eine Lehrkraft, die zu fast jeder Stunde zu spät kommt, die Unterlagen vergisst und Klassenarbeiten erst nach mehreren Wochen zurückgibt, kann kaum verlangen, dass die Schüler*innen pünktlich sind, ihr Arbeitsmaterial und ihre Hausaufgaben dabeihaben und das Referat rechtzeitig vorbereiten. Daher gilt es immer, zu prüfen, ob **das eigene Handeln und Verhalten** dazu geeignet ist, auch Schüler*innen, die mit diszipliniertem und ruhigem Verhalten bisher nicht vertraut sind, als Vorbild zu dienen.

In unserer Arbeit mit „schwierigen" Schulklassen hören wir immer wieder das Argument, dass ja auch die Schüler*innen sich „frech", „provozierend" oder „respektlos" verhielten und man sich deswegen erst dann **freundlich und respektvoll im Klassenzimmer** verhalten werde, wenn auch die Schüler*innen dies täten. Rein menschlich ist diese Haltung natürlich durchaus nachvollziehbar. Sie verkennt aber, dass die Lehrperson **der professionelle Teil der Beziehungsdyade** und der*die Schüler*in der lernende Teil sind. Deshalb sind Sie aufgerufen, auch dann **als Vorbild zu handeln**, wenn das Verhalten der Schüler*innen (noch) nicht vorbildlich ist.

Eigene Möglichkeiten nutzen

Lehrkräfte haben viele Möglichkeiten, auf das Geschehen im Klassenraum Einfluss zu nehmen. Neben gutem, interessantem und den Fähigkeiten der Schüler*innen angemessenem Unterricht (auf den wir hier nicht näher eingehen wollen) kann die Lehrperson Ruhe fördernde Strukturen vorgeben, Rituale einführen, Hilfsmittel nutzen und mit Ruhe-Spielen und -Übungen Stille und „Leisesein" trainieren.

Im Folgenden möchten wir Ihnen zu diesen **vier Bereichen** einige Beispiele vorstellen und Sie ermuntern, Ihre eigenen Möglichkeiten in den Blick zu nehmen und das, was Sie bisher schon tun und sich als hilfreich erwiesen hat, zu vertiefen und zu ergänzen.

▎Strukturen

Je unruhiger und undisziplinierter eine Klasse ist, umso mehr Struktur braucht sie. **Die Leitfrage ist:** *„Was machen wir hier in unserer Klasse auf welche Art und Weise?"* Wenn die Schüler*innen wissen, wie beispielsweise der Toilettengang geregelt ist oder wie sie ihre Materialien holen sollen, haben alle Schüler*innen Klarheit und Sicherheit und Sie sind von immer wieder gleichen Erklärungen entlastet. Wenn Sie nun also noch einmal schauen, welche Verhaltensweisen Ihrer Schüler*innen für Sie besonders „störend" sind (siehe S. 12), können Sie überlegen, welche Struktur helfen würde, um mehr Ruhe entstehen zu lassen.

Beispiel: Jedes Mal, wenn die Schüler*innen Material zu ihrem Fach bringen oder von dort holen, entsteht ein Pulk von Schüler*innen, die schnell in Auseinandersetzungen und lautstarke Streitigkeiten geraten.
Mögliche Struktur: Die Klasse wird in Gruppen eingeteilt, die nacheinander auf ein Signal hin zu den Fächern gehen.

Neu eingeführte Strukturen bedürfen zunächst einer **gewissen Übung**. Das bedeutet, dass die Schüler*innen das Vorgehen zu Beginn häufig und ggf. auch anlasslos durchführen sollten, bis alle wissen, was zu tun ist. Es ist nicht nötig, gesondert zu betonen, dass in einer Grundschulklasse andere Strukturen wichtig sind als in einer 10. Klasse. Aber auch und gerade, wenn Sie häufiger ältere Schüler*innen unterrichten und davon ausgehen, dass *„die ja schon wissen, wie man sich verhält"*, ist es nützlich, sich die vorhandenen Strukturen noch einmal genau anzusehen und sie ggf. anzupassen.

> Welche Strukturen haben Sie in Ihrer Klasse vorgegeben?

....

....

....

....

....

....

....

....

....

In unruhigen Klassen ist es darüber hinaus hilfreich, sich mit den **Kolleg*innen, die in der Klasse unterrichten**, abzusprechen. Wenn alle Lehrkräfte der Klasse **dieselbe Struktur**, z. B. für das Holen der Materialien aus und das Bringen zu den Fächern, nutzen, bekommen die Schüler*innen **mehr Sicherheit** und **üben häufiger**. Und auch für Sie selbst ist dies eine Erleichterung: Als Fachlehrkraft können Sie sich z. B. an die Strukturen der Klassenlehrkraft andocken und müssen sich keine eigenen Strukturen überlegen. Dazu ist selbstverständlich ein **Austausch** nötig und ggf. auch eine **Einigung in der Klassenkonferenz**.

Hier wollen wir Ihnen nun ein paar **Ideen für Strukturen** geben, die sich in verschiedenen Klassen als hilfreich erwiesen haben. Diese Zusammenstellung darf nicht als Rezept verstanden werden, sondern eher als eine Ideenbörse, aus der für die eigene Klasse und die eigene Person Passendes entnommen werden kann. Nicht berücksichtigt werden hier die üblichen Klassendienste, wie Tafeldienst, Fegedienst usw., die weitere Strukturen bieten.

Sitzordnung

Die Sitzordnung ist schon an sich eine Struktur und Lehrkräfte wissen seit jeher, dass es mehr oder weniger **ruhefördernde Sitzordnungen** gibt. Deshalb ist es in lauten und undisziplinierten Klassen wichtig, hierauf ein besonderes Augenmerk zu legen. Grundsätzlich führt eine Bussitzordnung zu mehr Ruhe als Gruppentische, weil **die Aufmerksamkeit mehr nach vorn orientiert ist**. Die Tische sollten dann so angeordnet sein, dass zwischen den in der Regel 2er-Tischen ein Gang ist, damit **Sie durch das Klassenzimmer gehen** und **Schüler*innen auch gut erreichen können**. Wie die Schüler*innen gesetzt werden, können am besten Sie entscheiden. In manchen Klassen ist eine **Junge-Mädchen-Sitzordnung** hilfreich. Dabei ist zu berücksichtigen, dass Sie hier die Führung übernehmen, indem sie die Sitzordnung selbst festlegen oder nach Vorschlägen der Schüler*innen die letzte Entscheidung treffen.

Toilettengang

Der Toilettengang führt in vielen Klassen zu Unruhe, insbesondere wenn die Toilettengänger*innen daraus einen „Auftritt" machen. Auch hier hilft, eine Struktur vorzugeben.

Möglichkeiten sind hier:
- Toilettengang nur in der 5-Minuten-Pause bzw. in einer dafür anberaumten Pause
- Toilettengang frühestens 10 Minuten nach Stundenbeginn und/oder nicht mehr nach 10 Minuten vor Stundenende
- gesondertes Meldezeichen für Toilettengang (siehe S. 29)
- Toilettenampel: Wenn die Toilettenampel auf **Rot** steht, darf kein*e andere*r zur Toilette.

Material holen und bringen

Beim Materialholen und -bringen entstehen schnell „laute" Situationen. Hier hat es sich bewährt, **eine Reihenfolge festzulegen**. Wie genau diese aussieht, hängt natürlich von den Gegebenheiten im Klassenzimmer ab.

Möglichkeiten sind hier: z. B. sich anstellen in einer festgelegten Reihenfolge (z. B. nach Alphabet oder nach Nummern) oder gruppenweise (z. B. Fensterseite, Mitte, Türseite oder nach einer Farb- oder Symbolsortierung der Gruppen usw.). Zu noch mehr Ruhe führt es, wenn die **Gruppeneinteilung ohne Sprechen visualisiert oder gezeigt** werden kann.

Zwischenfragen

In Phasen der Still- oder Einzelarbeit wird die Konzentration und Ruhe häufig durch Zwischenfragen gestört oder durch Schüler*innen, die Ihnen das Erarbeitete zeigen wollen oder wissen wollen, ob sie alles richtig gemacht haben. Auch hier ist **eine Struktur hilfreich**, die **ohne Sprechen** und ggf. **auch ohne Bewegung** im Klassenraum auskommt. In undisziplinierten Klassen ist es meist besser, wenn Sie zum*zur Schüler*in kommen, da beim Umherlaufen immer auch die Gelegenheit der Interaktion mit anderen Schüler*innen gegeben ist, die dann die Konzentration aller anderen stört.

Möglichkeiten sind hier: z. B. spezielle Melde-Handzeichen für Fragen und Hilfe oder Hilfekarten, die die Schüler*innen auf den Tisch legen können. Ziel sollte sein, dass die Schüler*innen auch lernen, einige Zeit selbstständig zu arbeiten.

Essen und Trinken

Auch Essen und Trinken während des Unterrichts kann **eine Quelle der Unruhe** sein: Das Papier knistert, die Plastikflasche knackt, es gibt Trink- oder Essgeräusche, die Flasche fällt um usw. Deshalb sollte hierfür möglichst eine **gemeinsame Regelung mit allen Lehrkräften der Klasse** gefunden werden, auch um zu vermeiden, dass die Schüler*innen langatmige Diskussionen beginnen unter der Überschrift *„Bei Herrn Kaya dürfen wir das aber auch."* So kann z. B. eine **gesonderte Ess- und/oder Trinkzeit** angesagt werden: *„Jetzt habt ihr kurz Zeit, um einen Schluck zu trinken/ einmal vom Brot abzubeißen."*

Meldezeichen

Unterschiedliche Meldezeichen helfen, **eine Unterbrechung des Unterrichtsflusses zu verhindern**. Sie können gemeinsam mit der Klasse festgelegt und eingeübt werden, z. B. für den Toilettengang, zum Lüften oder für eine kurze Trink- oder Flitzepause. Wenn ein*e Schüler*in sich z. B. mit dem Toilettenmeldezeichen meldet, können Sie ohne Worte signalisieren: *„Okay, du kannst gehen."* Auch wird damit vermieden, dass eventuell Gelächter ausbricht, wenn ein*e Schüler*in sich meldet und fragt, ob er*sie auf die Toilette darf.

Möglichkeiten für Meldezeichen könnten sein: mit beiden Armen, mit zweitem und drittem Finger, mit dem Daumen usw.

Gruppeneinteilung

Die Einteilung für eine Gruppen- oder Partnerarbeit nimmt häufig viel Zeit ein und produziert Unruhe, insbesondere wenn Schüler*innen nur mit ihren Freund*innen zusammenarbeiten wollen und beginnen, zu diskutieren. Hier ist **eine vorbeugende Strukturierung** unter der Überschrift *„Man muss nicht mit allen befreundet sein, aber mit jedem*jeder zusammenarbeiten."* sinnvoll. Am besten akzeptieren die Schüler*innen dabei **eine Zufallsordnung**, welche über Abzählen oder über Zulosen erreicht werden kann.

Möglichkeiten sind hier:
- Für jede*n Schüler*in gibt es ein Namensstäbchen, von denen immer die jeweilige Zahl der Gruppenstärke aus einem „Topf" gezogen werden.
- Memorykarten für 2er-Gruppen: Die Karten werden von der Lehrperson verdeckt verteilt.
- Spielkarten für größere Gruppen: Alle 7er-, 8er-, 9er-Karten bilden eine Gruppe.
- Verabredungskalender (appointment calendar): Aktivität zur Partnerfindung aus dem Kooperativen Lernen, bei welcher die Schüler*innen eine bestimmte Anzahl von Uhrzeiten in ihr Heft oder auf eine Vorlage schreiben. Nach unterschiedlichen Kriterien (z. B. *„Wähle eine Person, mit der du sonst nur selten zusammenarbeitest."*) notieren sie sich für jede Uhrzeit eine andere Person, mit der sie sich zur Partnerarbeit „verabreden". Durch das Ausrufen einer Uhrzeit durch die Lehrperson werden die Schüler*innen zur Zusammenarbeit mit ihren selbst gewählten Partner*innen veranlasst.

Tischordnung

Ein Teil der Unruhe in Schulklassen entsteht durch das **Suchen von Arbeitsmaterialien** auf dem Tisch oder in der Schultasche. Hier ist es hilfreich, **eine klare Struktur für die Arbeitsmaterialien** vorzugeben: *„Was muss auf den Tisch, was bleibt in der Schultasche/unter dem Tisch/in den Fächern?"* Bei jüngeren Schüler*innen ist auch die Positionierung z. B. von Mäppchen und Material zu überlegen. Auch ein Farbkonzept für verschiedene Fächer (z. B. rote Ordner/Hefte für Mathematik, blaue für Deutsch, grüne für Englisch o. Ä.) kann helfen, Unruhe zu vermeiden.

Stuhlkreis

Dass die Klasse sich gelegentlich oder möglichst auch regelmäßig im Stuhlkreis trifft (z. B. zum Klassenrat, Morgenkreis, zur Feedbackrunde etc.), ist inzwischen in der überwiegenden Mehrzahl der Klassen üblich. Auch hier ist eine Struktur hilfreich. Zunächst muss mit den Schüler*innen erarbeitet werden, wo Tische, Ranzen und ggf. Stühle hingeräumt werden müssen und in welcher Reihenfolge dies geschieht. Hier können auch **Visualisierungen oder Gruppenaufgaben sinnvoll** sein. Ziel sollte es sein, dass der Stuhlkreis **schnell, leise und aufmerksam** gebildet wird. Schnell bedeutet, dass die Klasse dafür – je nach Umbaumaßnahmen im Klassenzimmer – nicht mehr als 2 Minuten benötigt. Dies kann mit einer Uhr eingeübt werden. Gleichzeitig sollte es aber auch leise geschehen. Wie laut dieses Leise dann ist, hängt von der Vereinbarung zwischen Ihnen und der Klasse ab. Auf jeden Fall sollte „leise" operationalisiert werden, z. B. mit dem Lautstärkeregler (siehe S. 11). Aufmerksam bedeutet, dass die Schüler*innen auf ihre Mitschüler*innen achten und merken, wann jemand Hilfe benötigt. Während des **Trainings der Stuhlkreisbildung** sollten Sie gut beobachten und hierzu wertschätzendes und realistisches Feedback geben. Wenn Sie noch einmal einen Blick auf S. 12 werfen und überlegen, wodurch in Ihrer Klasse Lärm entsteht, dann fallen Ihnen sicher die Bereiche auf, in denen eine klare Struktur den Schüler*innen beim Leisesein helfen würde.

Welche Strukturen können Sie in Ihrer Klasse als Hilfe zum Leisesein einführen?

2. A = Aufmerksamkeit gewinnen

> **TIPP**
> Wenn Sie neue Strukturen einführen möchten, wählen Sie zunächst nur eine und üben diese mit den Schüler*innen ein. Zu viele Dinge gleichzeitig verwirren und führen dazu, dass Sie selbst nicht mehr auf die Einhaltung achten.

Rituale

Rituale sind **wiederkehrende, immer gleichbleibende Handlungen**, die einer festgelegten Ordnung folgen. Sie entlasten die Handelnden von der immer wieder neuen Entscheidung, was wie zu tun sei. In der Schule eignen sich die **Anfangs- oder Endsituation der Unterrichtsstunde bzw. des Schultages** besonders für Rituale. Aber auch **andere wiederkehrende Situationen** (z. B. Raumwechsel, Stillwerden, Frühstückspause usw.) können dadurch entlastet werden. Das Ritual hat damit den Vorteil, dass die Schüler*innen – sobald es eingeübt ist – wissen, wie sie sich verhalten sollen, und Sie von Erklärungen entlastet sind. **Rituale laufen quasi automatisch und ohne Nachdenken ab.** Sie überschneiden sich manchmal mit Strukturen und benötigen teilweise auch Hilfsmittel, an die die Rituale dann angedockt werden. Im Folgenden geben wir ein paar Beispiele für Rituale. Sie sollten für Ihren Unterricht die wählen, die ihnen selbst am meisten liegen. Selbstverständlich können Sie in höheren Klassenstufen Rituale auch gemeinsam mit den Schüler*innen entwickeln. Dabei kommen häufig solche als Vorschlag, die in vorherigen Lerngruppen hilfreich waren. Wenn ein solches vorgeschlagenes Ritual für Sie akzeptabel ist, ist es meist günstig, dieses anzuwenden, da dann zumindest ein Teil der Schüler*innen damit schon vertraut ist.

Anfangssituation der Unterrichtsstunde oder des Tages

Foto „Tafel" © erikdegraaf – stock.adobe.com

Ein Ritual zu Beginn des Tages oder zu Beginn der Unterrichtszeit mit einer Lehrkraft ist in vielen Klassen bereits etabliert. Hier geht es nicht nur darum, sich freundlich gegenseitig wahrzunehmen, sondern auch darum, **den Beginn der gemeinsamen Zeit und des Unterrichts zu markieren.**

Möglichkeiten sind hier:
- Begrüßung mit Handschlag/Verbeugung
- gemeinsame Begrüßung durch einen vereinbarten Satz, wie z. B. *„Guten Morgen, alle zusammen!"* mit oder ohne Aufstehen
- kurze Bodypercussion
- am Stundenbeginn gemeinsam ein Lied singen
- Wetterblitzlicht (*„Wie fühle ich mich heute morgen?"*)
- stille Minute mit Eieruhr (Sie stellen die Eieruhr und alle warten still, bis sie klingelt.)
- Sie schreiben benötigte Materialien für die Stunde an die Tafel. Die Schüler*innen legen in einer stillen Minute alles bereit, anschließend Beginn mit Begrüßung

Endsituation der Unterrichtsstunde oder des Tages

Auch für das Ende der gemeinsamen Unterrichtszeit mit der Lehrperson ist es sinnvoll, ein Ritual einzuüben. Das gibt den Schüler*innen **Sicherheit, wann die Unterrichtsstunde tatsächlich beendet ist**, und verhindert, dass sie beim Klingeln (sofern es eines gibt) alles stehen und liegen lassen und aus dem Klassenraum stürmen.

Möglichkeiten sind hier:
- Verabschiedung mit Handschlag/Verbeugung an der Tür
- Verabschiedungslied singen
- Verabschiedung durch Aufsagen eines Spruches
- Tages-/Stundenfeedback: *„Was hast du heute gelernt?"*

Ruhephase beginnen oder beenden

Wollen Sie die Schüler*innen auch während des Unterrichts immer mal wieder still werden lassen, empfiehlt es sich, auch hierfür ein Ritual einzuführen. Es macht Sinn, dieses **Ritual an ein visuelles oder akustisches Signal zu koppeln**.

Möglichkeiten sind hier:
- ein Klatschsignal, in das die Schüler*innen einstimmen – wenn alle im Takt sind, brechen Sie ab und alle sind still
- Sie zählen rückwärts – bei 0 muss es still sein
- Hand heben oder eine andere Handbewegung
- den Lautstärkeregler (siehe S. 11) auf 0 stellen, später wieder auf die gewünschte Lautstärke einstellen
- Klangschale/Regenstab als Zeichen, die Arme zu verschränken (Schulbrezel) und den Mund zu schließen

Raumwechsel

Steht der Wechsel des Raumes an (z. B. in einen Fachraum oder in die Turnhalle), kommt es schnell zu lauten und oft auch unübersichtlichen Situationen. Rituale können helfen, solche Situationen zu vermeiden.

Möglichkeiten sind hier:
- Aufstellen an der Tür in festgelegter Reihenfolge
- ein Raumwechsel-Lied singen oder abspielen
- einen Raumwechsel-Spruch verwenden, in dem noch einmal die Bewegungsvorgaben (leise, gehend, freundlich o. Ä.) eingebaut sind

Frühstück im Klassenzimmer

Wenn die Schüler*innen ihr Pausenbrot nicht auf dem Pausenhof essen sollen, weil dann oft die Brotdose stört, wenn man sich doch bewegen will, kann auch hierzu ein Ritual eingeführt werden, damit z. B. **nach der Hofpause wieder Ruhe einkehrt**. Möglichkeiten sind hier, dass zunächst jede*r seinen*ihren Tisch deckt (z. B. mit einem Geschirrhandtuch als „Tischdecke") und die Essensutensilien und die Trinkflasche daraufstellt. Nun kann das Frühstück beginnen. Während **ohne Unterhaltung** gegessen wird, liest die Lehrkraft **ein passendes Buch** vor. Das Ende des Lesens ist dann gleichzeitig das Signal, die Frühstückssachen wegzuräumen und sich für den Unterricht oder die Hofpause bereit zu machen.

Foto „Tafel" © erikdegraaf – stock.adobe.com, Illustration © Norbert Höveler

Hilfsmittel

In den vorangehenden Abschnitten sind schon einige Hilfsmittel genannt worden, die z. B. ein Ritual unterstützen können. Wichtig bei einem Hilfsmittel für weniger Lautstärke im Klassenzimmer ist, dass es **selbst nicht zu viele Geräusche produziert**. Eine Trillerpfeife, manchmal auch „Pädagogenpfeifchen" genannt, wie sie von manchen Lehrkräften benutzt wird, führt meist nicht zu mehr Ruhe, sondern fügt dem Lärm noch einen weiteren, von manchen als unangenehm empfundenen Ton hinzu. Auch eine Lärmampel, die bei Rot einen lauten Warnton ausstößt, kann **eher kontraproduktiv** sein. Daher sollten alle akustischen Hilfsmittel höchstens leise Geräusche machen und zunächst auf ihre Tauglichkeit für das Ziel überprüft werden.

Darüber hinaus sollte die **Anzahl der verschiedenen Hilfsmittel** (sowie die daran geknüpften Rituale) **überschaubar bleiben**. Das gibt den Schüler*innen Sicherheit und macht das Hilfsmittel handhabbar. Zu viele Hilfsmittel führen meist dazu, dass Sie am Ende selbst nicht mehr wissen, welches Sie wann benutzen wollten. Für den Anfang reicht ein akustisches Hilfsmittel, das Sie dann später durch unterschiedliche Verwendung (z. B. 1-mal oder 2-mal klingeln) erweitern können.

Möglichkeiten sind hier:
- Glocke/Klangschale/Klangstab/Tischklingel
- Lärmampel (optisch)
- Eieruhr
- Spieluhr/Spieldose
- Triangel
- Lautstärkeregler (siehe S. 11)
- Karten (z. B. für Gruppenarbeit, Stillezeit usw.)
- Hilfekarten/Hilfezeichen für Schüler*innen (die gezeigt werden können, wenn der*die Schüler*in Hilfe braucht)
- Erzählstein/Redeball
- Tafeluhr für Arbeitszeit/große Sanduhr

Spiele und Übungen

Viele Schüler*innen lieben Spiele. Deshalb empfiehlt es sich, bei lauten Klassen **das Leisesein immer wieder spielerisch einzuüben**. Jedes Spiel ist gleichzeitig ein Regeltraining und hilft so auch mit, deutlich zu machen, dass **Regeleinhaltung** unabdingbar für ein **gutes Miteinander** und **gemeinsames Spaßhaben** ist. Selbst wenn Sie das Anti-Laut-Programm nicht vollumfänglich durchführen, können die nachfolgend vorgestellten Spiele und Übungen dazu beitragen, dass Ihre Klasse leiser wird.

 Abtauchen

Dieses Spiel ist unter verschiedenen Namen (U-Boot, Finger berühren o. Ä.) bekannt. Es kann als „Leisespiel" immer wieder schnell zwischendurch gespielt werden.

So geht's:
Je nach Klassengröße werden drei oder vier Schüler*innen ausgesucht, die sich vor die Lerngruppe stellen. Die restliche Klasse taucht ab, indem sie die Augen schließt und den Kopf in die Arme legt. Dabei wird der Daumen einer Hand nach oben gestreckt. Auf ein nonverbales Signal hin schleichen die ausgewählten Schüler*innen durch die Klasse und berühren jeweils eine Person vorsichtig am Daumen. Die berührte Person zieht daraufhin den Daumen ein. Hat jede*r Spieler*in eine (nicht mehr!) andere Person berührt, kehren alle vor die Klasse zurück. Als Lehrperson geben Sie das Kommando: *„Auftauchen!"* Die Schüler*innen öffnen die Augen und richten sich auf. Alle berührten Schüler*innen dürfen nun aufstehen und raten, wer sie berührt hat. In der Wettbewerbsvariante dürfen alle, die richtig geraten haben, nach vorn kommen und ihre*n Berührer*in für die nächste Runde ersetzen. In der „Es kommen alle einmal an die Reihe"-Variante dürfen alle Berührten nach vorn kommen und die berührenden Schüler*innen gehen auf ihren Platz. Es können so viele Runden gespielt werden, bis alle einmal an der Reihe waren.

 Spiegelspiel

Beim Spiegelspiel werden **Stille, Konzentration und Bewegung** miteinander verbunden. Bei diesem Spiel herrscht vom Startsignal bis zum Ende Stille.

So geht's:
Erklären Sie, dass nun ein Spiel gespielt werde, bei dem es wie morgens vor dem Spiegel sei. Wenn man vor einem Spiegel steht, macht die Person

im Spiegel genau dasselbe wie man selbst. Die Schüler*innen seien nun Ihre Spiegelbilder.

Die Schüler*innen stellen sich hinter ihren Stuhl, ohne Stuhl oder Tisch zu berühren. Wenn genügend Platz im Klassenzimmer ist, können sich die Schüler*innen auch so verteilen, dass alle etwas mehr Platz um sich herum haben. Alle müssen Sie sehen können. Auf ein Signal hin (z. B. wird der Lautstärkeregler [siehe S. 11] auf 0 gestellt) beginnen Sie langsam mit Bewegungen, die die Schüler*innen spiegelverkehrt nachmachen müssen. Die Bewegungen sollten langsam ausgeführt werden, damit die Schüler*innen „hinterherkommen". Je nach Bewegungsbedarf kann auf der Stelle gegangen, gelaufen oder gehüpft werden – aber immer ohne zusätzliche Geräusche zu produzieren.

S Stille Post

Mit diesem leisen Spiel üben die Schüler*innen das **Flüstern und das Zuhören**.

So geht's:
Die Schüler*innen sitzen im Stuhlkreis. Alle sind still. Flüstern Sie nun dem Nebenmann oder der Nebenfrau ein längeres Wort oder einen kurzen Satz ins Ohr, und zwar so leise, dass man ihn gerade noch so verstehen kann. Vielleicht versteht diese*r Schüler*in aber auch etwas anderes. Er*sie gibt wiederum an die nächste Person flüsternd das weiter, was er*sie verstanden hat. So geht es reihum, bis das Gesagte wieder bei Ihnen ankommt. Die letzte Person sagt laut, was sie verstanden hat. Lösen Sie mit Ihrem ursprünglichen Wort oder Satz auf. In der nächsten Runde darf ein*e Schüler*in ein Wort oder einen Satz „losschicken".

S Blinde*r König*in

Dieses Spiel ist ein bisschen aufwändiger, wird aber mit großer Begeisterung gespielt. Es trainiert **Ruhe, Körperbeherrschung und das Hören** – und bei manchen Schüler*innen auch die **Frustrationstoleranz**.

So geht's:
Sie brauchen ein Tuch zum Augenverbinden und eine Kiste/Schachtel mit ein paar Steinen oder Murmeln darin als Schatztruhe. Der*die erste blinde König*in wird von Ihnen ausgesucht. Er*sie wird mit verbundenen Augen auf einen Stuhl vor die Klasse gesetzt. Unter diesem Thron befindet sich die Kiste/Schachtel als Schatztruhe, die nur zu gerne von Räuber*innen im Reich gestohlen werden würde. Deshalb versuchen diese, sich immer wieder an den Thron anzuschleichen und die Schatztruhe zu stehlen. Der*die

blinde König*in hört aber sehr gut. Und wenn er*sie eine sich anschleichende Person hört, zeigt er*sie in die Richtung und ruft die Wachen. Ganz praktisch sieht das nun so aus, dass der*die Schüler*in mit den verbundenen Augen mit dem Gesicht zur Klasse sitzt. Sie stehen hinter dem Stuhl und fordern durch wortloses Zeigen einzelne Schüler*innen der Klasse auf, sich anzuschleichen. Alle anderen müssen still sein, damit der*die König*in die Chance hat, etwas zu hören. Wenn er*sie meint, ein Geräusch gehört zu haben, zeigt er*sie in die Richtung, aus der das Geräusch kommt, und ruft: *„Wache!"* Wurde genau hingehört und in die richtige Richtung gezeigt (das entscheiden Sie als Spielleitung) muss der*die Räuber*in zum Platz zurück und eine andere Person darf ihr Glück versuchen. Schafft der*die Räuber*in es, bis zum Thron zu kommen und an der Schatztruhe zu rütteln, wird er*sie zum*zur nächsten blinden König*in.

ⓢ Nachts im Museum

Bei diesem Spiel ist **Beobachtungsgabe** gefordert, aber auch die Fähigkeit, eine Weile **still und regungslos** zu bleiben.

So geht's:
Zwei Schüler*innen werden vor die Tür geschickt. In der Zwischenzeit verteilen sich die anderen Schüler*innen im Raum und werden zu bewegungslosen Skulpturen im Museum. Von den Skulpturen werden zwei ausgesucht, die immer mal wieder möglichst unauffällig kleine Positionsveränderungen vornehmen dürfen. Die beiden draußen wartenden Schüler*innen werden nun hereingeholt und müssen herausfinden, welche beiden Skulpturen die „beweglichen" sind.

ⓢ Autofahren

Das Autospiel ist ein weiteres Stille-Spiel, bei dem sich die Schüler*innen durch das Klassenzimmer bewegen. Neben **Stille und Konzentration** wird auch das **Einfühlungsvermögen** trainiert.

So geht's:
Die Schüler*innen werden in 2er-Gruppen aufgeteilt und stellen sich in ihrem 2er-Team hintereinander. Die vorderen Personen sind die Autos, die hinteren die Autofahrer*innen. Sie legen ihre Hände auf die Schultern der vorderen Personen und lenken damit die Autos durch das Klassenzimmer. Am besten machen Sie einmal vor, welche Lenkkommandos es gibt: nach vorn schieben, nach hinten ziehen, zur Seite wenden wird automatisch richtig gemacht; gebremst wird, indem vorsichtig auf die Schultern gedrückt wird.

Regeln: Es darf nicht geredet werden (Konzentration aufs Fahren) und die Autos machen keine Geräusche (*„Wir haben nur Elektroautos."*). Autos und Fahrer*innen dürfen keine Berührungen mit Gegenständen oder anderen 2er-Gruppen haben (das wäre ein Unfall). Es gibt ein akustisches Signal (z. B. Glocke), bei dem alle sofort stehen bleiben wie eingefroren. Dies können Sie nutzen, wenn Sie neue Anweisungen geben möchten (z. B. *„Wir fahren jetzt in einer 30er-Zone."* oder *„Fahrer*innen und Autos tauschen jetzt die Plätze."*) oder wenn gefährliche Situationen entstehen (z. B. gibt es manchmal Schüler*innen, die mit ihrem Auto ohne Rücksicht auf ihr eigenes Auto und auf andere durch das Klassenzimmer rasen). Werden Regeln nicht eingehalten, können Sie Autos mit ihren Fahrer*innen in die Garage schicken. Das bedeutet, dass die beiden Schüler*innen kurze Zeit aussetzen müssen, bis sie sich wieder an die Regeln halten können bzw. wollen.

Es empfiehlt sich, mit dem Fahren in einer Spielstraße zu beginnen (Schrittgeschwindigkeit) und dann je nach Umsichtigkeit der Schüler*innen die Geschwindigkeit zu steigern. Wichtig ist auch, den Schüler*innen zu verdeutlichen, dass die Fahrer*innen die Geschwindigkeit bestimmen und nicht die Autos, da manche einfach losfahren, ohne auf die Signale der Fahrer*innen zu achten.

Variante: Haben die Schüler*innen schon etwas Erfahrung mit dem Autofahren, können Sie die Auto-Person die Augen schließen lassen.

Hinweis: Manche Schüler*innen haben große Probleme, die Augen zu schließen. Dann dürfen sich diese Schüler*innen die Augen auch zuhalten. Die Fahrer*innen sollten Sie auf die zusätzliche Verantwortung für das Auto hinweisen. Dazu können Sie mit einem Empathie trainierenden Perspektivwechsel beginnen: *„Was würdest du dir als Auto mit geschlossenen Augen von deinem*deiner Fahrer*in wünschen?"* – Sammeln – *„Jetzt bist du der*die Fahrer*in und hast die Verantwortung für dein Auto. Wie verhältst du dich?"* – Sammeln.

Ü Fantasiereise

Die Fantasiereise ist eigentlich eine Entspannungsübung. Sie findet in großer Ruhe statt. Nur die Lehrkraft, die die Reise „anführt", spricht dabei. Eine Fantasiereise oder auch andere Entspannungsübungen führen dazu, dass **innere und äußere Ruhe** einkehrt. Die allermeisten Schüler*innen empfinden die Ruhe als wohltuend und **lernen so Ruhe und Leisesein schätzen**. Für manche ist es einfach nur erholsam, wenn sie in Stille ihren Gedanken „nachhängen" können. Ausführlichere Hinweise zur Durchführung finden sich in der vielfach vorhandenen Literatur. Einige Empfehlungen geben wir im Literaturverzeichnis und in den Medientipps auf S. 160.

So geht's:
Die Schüler*innen legen den Kopf bequem auf den Tisch, am besten in die verschränkten Arme. Wer mag, kann die Augen schließen. Führen Sie die Schüler*innen nun mit einer ruhigen, getragenen Stimme auf eine imaginäre Reise. Wohin es geht, bleibt Ihrer Fantasie überlassen: in den Wald, ans Meer, ins Gebirge, in ein anderes Land, in die Zukunft o. Ä. Dabei werden immer wieder Haltepunkte eingelegt, in denen die Schüler*innen in ihrer Vorstellung etwas hören (z. B. Vogelgezwitscher), sehen (die ziehenden Wolken am Himmel), riechen (das frische Gras) und spüren (die warme Sonne auf dem Rücken) können. Wichtig ist, dass die Reiseschritte langsam erfolgen, damit die Schüler*innen mit ihren Gedanken folgen können. Auch die Beendigung sollte behutsam erfolgen, damit die Schüler*innen in ihrem Tempo in den Alltag zurückfinden können.

Ü Händedruck weitergeben

Diese Übung ist gleichzeitig eine Konzentrationsübung.

So geht's:
Die Klasse steht im Kreis und fasst sich an den Händen. Sie starten einen Händedruck. Wer den Händedruck empfängt, gibt ihn in der gleichen Richtung so lange weiter, bis jemand einen doppelten Händedruck macht. Dann wechselt die Richtung und es geht mit einfachem Händedruck in die andere Richtung weiter.
Hinweis: Die Schüler*innen sollten darauf hingewiesen werden, dass nur sanftes Händedrücken erlaubt ist.

Ü Ordnen nach Merkmalen ohne Worte

Diese Übung ist gleichzeitig eine Kooperationsübung der Klasse.

So geht's:
Die Schüler*innen bekommen die Aufgabe, sich nach bestimmten Merkmalen (z. B. alphabetisch nach Vornamen/Nachnamen, nach Größe, Geburtsdatum o. Ä.) in einer Reihenfolge zu ordnen. Dabei gilt als Regel: Es dürfen keine Geräusche (Sprechen, Schnipsen, Lachen usw.) gemacht werden, man darf sich nicht berühren und es dürfen keine Hilfsmittel (z. B. Papier und Stift) benutzt werden. Die gesamte Klasse bekommt vorab 10 Punkte. Für Regelverstöße wird jeweils 1 Punkt abgezogen. Ziel ist es, mit vollen 10 Punkten die richtige Reihenfolge bzw. Sortierung zu erreichen.

Ü Auf den Rücken schreiben

Auch diese Übung trainiert gleichzeitig die Konzentration und das Spüren des eigenen Körpers.

So geht's:
Die Klasse steht mit dem Gesicht zur Tafel in einer Reihe hintereinander. Zwischen den Schüler*innen muss etwas Abstand sein. Bei großen Klassen können auch zwei Reihen gemacht werden. Wenn alle still und konzentriert sind, schreiben Sie der*dem letzten Schüler*in in der Reihe mit dem Finger etwas auf den Rücken (eine geometrische Form, ein Symbol, ein Buchstabe o. Ä.). Diese*r Schüler*in gibt das auf den Rücken Geschriebene nun weiter an den Rücken seines Vordermanns oder seiner Vorderfrau. So geht es immer weiter, bis das Geschriebene vorn ankommt und dort an die Tafel übertragen wird. Sie lösen auf, was Sie ursprünglich geschrieben haben.
Hinweis: Die Schüler*innen sollen langsam auf den Rücken der Vorderperson schreiben. Für dieses Spiel brauchen die Schüler*innen etwas Übung. Deshalb sollten Sie mit einfachen Formen beginnen.

Ü Stille Minute

Die Stille Minute ist eine Möglichkeit, **zwischendurch komplette Stille herzustellen**, um die Konzentration wieder zu sammeln oder um die Schüler*innen aus einer überschäumenden Bewegungsphase in den Unterricht zurückzuholen. Am besten ist es, wenn die Stille Minute als Ritual eingeführt wird.

So geht's:
Für die Stille Minute brauchen Sie eine Eieruhr, die leise, aber hörbar tickt. Sind die Schüler*innen mit der Stillen Minute vertraut, ist es ausreichend, die Eieruhr herauszuholen – und alle wissen: Jetzt muss es eine Minute (auf der Eieruhr eingestellt) so still sein, dass man die Uhr ticken hören kann.
Variante 1: Die Schüler*innen bekommen während der stillen Minute einen Hörauftrag: „Welche Geräusche hört ihr außer dem Ticken der Uhr?" Diese werden hinterher gesammelt.
Variante 2: Sie nehmen eine digitale Uhr und stellen eine Minute ein. Die Schüler*innen sind still und versuchen, abzuschätzen, wie lang eine Minute ist. Wenn jemand glaubt, die Minute sei vorbei, darf er*sie leise aufstehen. Verkünden Sie anschließend, wer am besten geschätzt hat.

Ü Klassen-Zählen mit geschlossenen Augen

Diese Leise-Übung trainiert neben dem Stillsein die Konzentration und das **Gespür für die Klassenkamerad*innen**. Es ist gleichzeitig eine Übung, bei der die ganze Klasse die Aufgabe schafft oder nicht schafft.

So geht's:
Die Klasse bekommt die Aufgabe, mit geschlossenen Augen bis 20 zu zählen (ist die Schülerzahl kleiner als 20, wird bis max. zur Klassenmitgliederzahl gezählt – ist die Klasse größer, kann auch weitergezählt werden). Niemand darf 2-mal dran sein und es darf immer nur eine Person sprechen. Sprechen zwei Personen gleichzeitig, muss mit dem Zählen von vorn begonnen werden.

Erwartungen äußern: klare und wertschätzende Kommunikation

In den vorausgegangenen Abschnitten haben wir den Blick auf verschiedene Bereiche gelenkt, die Sie selbst in der Hand haben. Was noch fehlt, ist die eigene Sprache, die bisher nur am Rande gestreift wurde. Die Art, wie Lehrpersonen mit ihren Schüler*innen reden, ist ein **wesentlicher Faktor des Verstehens**. Gleichzeitig fungiert die Lehrkraft in jeder Situation als „sprachliches" Vorbild. Die Schüler*innen sehen und erleben, wie eine erwachsene Person mit Sprache – ggf. auch unter Druck – umgeht. Selbst wenn sie dies nicht immer (sofort) nachmachen, bleibt die Lehrperson Modell.

Wie also sollte die Lehrperson sprechen? Zunächst sollte die Lehrkraft darauf achten, dass sie langsam und deutlich und mit Pausen spricht, damit die Schüler*innen den Worten auch folgen können. Das gilt umso mehr dann, wenn nicht alle Schüler*innen Deutsch als Muttersprache haben. Auch die **Lautstärke und der Tonfall** sind **wichtige Aspekte der Kommunikation**. Insbesondere der Tonfall transportiert sehr viel unserer inneren Gefühle und Einstellungen. Das sollte sich jede Lehrperson bewusst machen, wenn sie klar und wertschätzend kommunizieren will. Dass Kommunikation mit Schüler*innen **in jeder Situation wertschätzend** sein muss, sollte dabei der Anspruch jeder Lehrkraft sein. Selbst wenn man wütend, genervt oder schlecht gelaunt ist, sollte sich dies nicht in abwertender Sprache niederschlagen. Sich dies **als Ziel der eigenen Professionalisierung**

vorzunehmen, ist bereits der erste Schritt. Ein weiterer Schritt besteht darin, sich für Situationen, in denen man von sich selbst weiß, dass man sie als schwierig empfindet, eine Strategie zu überlegen, damit man nicht unangemessen reagiert. So kann man mit der Zeit die eigenen **„Roter-Knopf-Situationen"** besser **in den Griff bekommen**.

Der andere Aspekt der Kommunikation besteht neben der Wertschätzung darin, klar zu kommunizieren. Dies bedeutet, dass die Schüler*innen auch verstehen können, was Sie als Lehrperson meinen und möchten. Die Voraussetzung für klare Kommunikation ist, dass Sie selbst wissen, **was Sie möchten und welche Verhaltensweisen Sie erwarten**. Hier kommt manchmal der Einwand, dass die Schüler*innen ja durchaus damit vertraut sein sollten, wie man sich in der Schule richtig benimmt. Das kann sein, aber häufig können Sie nicht wissen, ob der*die Schüler*in dies tatsächlich weiß. Daher ist es insgesamt hilfreicher, davon auszugehen, dass manche Schüler*innen nicht genau wissen, welches Verhalten von ihnen erwartet wird, und es stattdessen noch einmal (oder auch immer wieder) **klar zu formulieren**.

Wie sieht nun klare und gleichzeitig wertschätzende Kommunikation aus? Nehmen wir ein Beispiel, das in einem deutschen Klassenzimmer durchaus vorkommen könnte: *„Du bist mal wieder unmöglich!"* Dieser Satz ist weder wertschätzend noch klar, denn der*die Schüler*in weiß nicht, worum es überhaupt geht. Klare und wertschätzende Sprache enthält **keine negativen Zuschreibungen** (*„Du bist ..."*), sie nutzt keine pejorisierenden Verallgemeinerungen (*„... mal wieder ..."*) und sie verwendet auch keine Wörter, deren Inhalte sich subjektiv füllen lassen (*„... unmöglich!"*), denn die individuelle Beurteilung „unmöglich" sagt dem*der Schüler*in nichts über das Verhalten, das von ihm*ihr in dieser konkreten Situation erwartet wird.

Die Alternative einer klaren und wertschätzenden Sprache besteht darin, einen Satz mit **folgenden Merkmalen** zu formulieren:
- **kurz**
- **beobachtbares Verhalten**
- **positive Formulierung**

Da der Unterricht auch bei einer Störung nicht unnötig lang unterbrochen werden sollte, gilt es, sich kurz zu fassen. Dies bedeutet, möglichst keine Und-Sätze zu formulieren. Am besten beginnt man, um die Aufmerksamkeit der Person zu bekommen, mit dem Namen und lässt dann den Satz folgen.

Der Inhalt dieses Satzes sollte **klar beschreiben, welches Verhalten, positiv formuliert, erwartet wird.** Ungünstig ist dabei eine „nicht"-Formulierung wie z. B. *„Ich möchte, dass du dich nicht umdrehst."* Denn so erfährt der*die Schüler*in zwar, was er*sie **nicht** tun soll (im Gehirn entsteht dabei ein Bild des unerwünschten Verhaltens), aber nicht, was er*sie tun soll. Erst die **positive Beschreibung** des Verhaltens produziert **ein Bild des gewünschten Verhaltens im Gehirn**, das sich dann als Modell für den*die Schüler*in formen kann. Der Satz könnte dann lauten: *„Vanessa, ich möchte, dass du nach vorn schaust!"*

Das positive und beschreibende Formulieren von gewünschtem Verhalten ist zu Beginn nicht immer leicht. Als Vorübung können Sie zunächst versuchen, Verhalten, das Sie bei den Schüler*innen sehen, zu beschreiben (siehe dazu auch Kapitel 1 „Lautstärkequellen identifizieren und lautes Verhalten beschreiben", S. 12). Als Hilfestellung kann dienen, sich zu fragen, was eine Kamera aufnimmt. Eine Kamera kann nicht „unmöglich", „schrecklich", „unruhig", „unkonzentriert" aufnehmen, sondern **eine Kamera zeigt, was jemand sagt oder tut**. Wem dieses Bild nicht hilft, kann sich auch fragen, ob der gewählte Begriff auch für jede andere Person denselben Inhalt hätte: *„Würde die Person selbst ihr Verhalten als ‚unmöglich' beschreiben? Könnte meine Kollegin unter ‚unkonzentriert' etwas anderes verstehen?"* Sobald eine andere Person darunter etwas anderes verstehen könnte, ist es noch keine Beschreibung. Um herauszufinden, welches Verhalten der Schüler*innen das gewünschte ist, ist es hilfreich, sich vorzustellen, was genau man sähe, wenn der*die Schüler*in nicht mehr „unmöglich" ist, sondern sich angemessen verhielte. Dieses Verhalten können Sie dann wieder ohne Wertung beschreiben und in Ihren Satz einfließen lassen.

Beispiel:
Beobachtetes Verhalten: *„Wenn ich etwas erkläre, spricht Malte mit dem*der Sitznachbar*in oder sucht etwas in seiner Schultasche."* (und nicht: *„Malte ist unkonzentriert."*)
Gewünschtes Verhalten: *„Wenn ich etwas erkläre, schaut Malte zu mir nach vorn und ist still."*

3.
L = Loben und verstärken

In einer „lauten" Klasse, die von den Lehrkräften als „schwierig" erlebt wird, gerät leicht **das Gelingende, das Funktionierende** aus dem Blick. Als Lehrkraft fokussiert man sich auf die **negativ erlebten Verhaltensweisen** – und so fallen sie einem mit Sicherheit schneller auf als andere. Im **systemischen Erklärungsmodell** (vgl. von Schlippe und Schweitzer 2016), das sich auch mit der Hirnforschung deckt, geht man davon aus, dass Wahrnehmung bedeutet, dass sich das Dunkel (also alles, was sich an Leben um uns herum abspielt) wie durch einen Lichtspot erhellt. **Man nimmt also das wahr, was man gerade durch seinen eigenen Lichtspot beleuchtet.** Dabei spielt die **eigene Gewichtung**, die meist unbewusst geschieht, eine bedeutende Rolle. Was Sie also wahrnehmen, hängt ganz stark davon ab, wo sich Ihre Aufmerksamkeit hinrichtet. Im Alltag erkennt man das z. B. daran, dass man „plötzlich" lauter Schwangere sieht, wenn man selbst schwanger ist, oder dass man lauter Wohnmobile sieht, wenn man sich mit dem Gedanken beschäftigt, eines zu kaufen oder zu mieten. So passiert es auch in „lauten" Klassen. Sie richten den **Aufmerksamkeitsfokus auf die „lauten" Verhaltensweisen** und blenden alle anderen aus. Wie schon angedeutet, passiert die Wahrnehmung, also das Ausleuchten, häufig unbewusst. Allerdings können wir das **Spot-Anschalten auch aktiv steuern**, wenn wir uns dessen bewusst sind.

Was hilft Schüler*innen nun eher, „lautes" Verhalten zu verändern?
Wenn Sie es mit negativer Aufmerksamkeit versehen und dadurch ggf. verstärken? Oder wenn Sie sich bemühen, den Lichtspot auf das gewünschte Verhalten, das Gelingende, zu werfen? Dies ist natürlich eine rhetorische Frage. Unserer Erfahrung nach verändert eher der **Fokus auf Gelingendes** das unerwünschte Verhalten.

Als Nebeneffekt ergibt sich, dass auch die Aufmerksamkeit und Wahrnehmung der Schüler*innen durch das **In-den-Blick-Nehmen des gelingenden Verhaltens** auf eigenes Gelingen gerichtet und dadurch verstärkt werden kann. Das bedeutet nun nicht, dass Sie nicht auch das ansprechen sollen, was nicht gut läuft (siehe dazu Kapitel 4 „Deeskalierend reagieren", S. 72). Sich aber immer wieder auf die funktionierenden Dinge in der Klasse zu konzentrieren, stärkt die Schüler*innen, die leise sind und sich an die Regeln halten, und zeigt ihnen, dass Sie **die Klasse differenziert betrachten** können. So entstehen keine Zuschreibungen wie *„Ihr seid die schlimmste Klasse, die ich je hatte!"*, die die Schüler*innen irgendwann übernehmen und damit auch ihr regelbrechendes Verhalten bewusst oder unbewusst rechtfertigen: *„Wenn wir sowieso die schlimmste Klasse sind, können wir uns auch so benehmen!"*

Darüber hinaus haben wir bei unserer Arbeit **positive Wirkungen in die Elternhäuser hinein** festgestellt. Dadurch, dass Lehrkräfte immer wieder gezielt Gelingendes in den Blick nehmen und in Worte fassen, gelangt diese Wahrnehmung über die Erzählungen der Schüler*innen auch zu den Eltern nach Hause, sodass auch sie in der Folge positiver auf das Geschehen in der Klasse blicken.

Über **die positiven Auswirkungen von Lob und Wertschätzung** könnten wir noch viel mehr schreiben. Dies würde jedoch den Rahmen sprengen. Deshalb beschränken wir uns hier auf den **praktischen Aspekt**, wie Lehrkräfte sehr einfach und schnell umsetzbar im Rahmen des Anti-Laut-Programms ihren Fokus auf das Gelingende richten können. Wer sich tiefer einarbeiten und noch mehr Ideen haben möchte, dem sei das Buch von Heidemarie Brosche[4] empfohlen.

Das Gelingende sehen und aussprechen

Geht es Ihnen vielleicht auch so: *„Die Klasse ist aber wirklich extrem schwierig und es klappt einfach nichts."*?
Wie kann man da dennoch den Zugang zum Gelingenden finden? Auch hier ist wieder eine Eigenreflexion als Einstieg hilfreich. **Sie besteht aus zwei Fragen: Die erste Frage** zielt darauf ab, überhaupt einmal zuzulassen, dass selbst in schwierigen Klassen, in lauten Klassen, vieles gut läuft. Hier können Sie auch alles sammeln, was man für „selbstverständlich" hält, wie z. B. dass die Schüler*innen überhaupt anwesend sind, dass sie vielleicht sogar pünktlich kommen, dass das Begrüßungsritual gut funktioniert, dass die Schüler*innen sich freuen, ihre Mitschüler*innen zu sehen, usw. Wenn Ihnen nichts einfällt, gilt es, in den nächsten Unterrichtsstunden einmal genau hinzuschauen, was denn vielleicht doch gut oder wenigstens normal läuft.

---

[4] siehe Heidemarie Brosche: Wie Wertschätzung in der Schule Wunder wirkt. Cornelsen Verlag: Berlin, 2017.

Was läuft gut (oder wenigstens normal) in Ihrer Klasse?

....
....
....
....
....
....
....
....
....
....
....

Die zweite Frage experimentiert mit der Möglichkeit, sich **die gewünschten Verhaltensweisen der Schüler*innen** bildlich vorzustellen. Wenn Sie einmal ein Bild davon haben, auf welche gelingenden Verhaltensweisen Sie zukünftig achten wollen, fällt es leichter, diese auch tatsächlich zu entdecken. Es ist hilfreich, diese gewünschten Verhaltensweisen so genau und konkret wie möglich zu beschreiben, damit man sie hinterher auch leichter benennen kann. Also nicht: *„Die Schüler*innen sind konzentriert.",* sondern *„Die Schüler*innen schauen mich an, wenn ich etwas erkläre."* Vielleicht fällt Ihnen bei der Sammlung der gewünschten Verhaltensweisen auch auf, dass die Schüler*innen (einige, mehrere, viele) die eine oder andere Verhaltensweise durchaus immer mal wieder oder sogar häufig zeigen.

Wenn ein Wunder passieren würde und alle „störenden" Verhaltensweisen wären weg, was würden Sie dann in Ihrer Klasse sehen? (Bitte nur beschreiben, was die Kamera aufnehmen würde, also was man sehen und hören kann.)

....

....

....

....

....

....

....

....

Der erste Schritt ist also, gelingendes Verhalten zu entdecken, der zweite Schritt besteht darin, dieses dann der Klasse auch zurückzumelden und es damit zu verstärken. **Die Rückmeldung von gelingendem Verhalten** führt nicht nur dazu, dass die Klasse dieses Verhalten häufiger zeigt (denn jede*r möchte gerne als kompetent und fähig wahrgenommen werden), sondern es **prägt auch das Selbstbild der Klasse** („*Wow, das können wir!*") und wirkt, wie oben beschrieben, auf die Haltung der Eltern zur Klasse und zur Schule zurück. Berichten nämlich die Schüler*innen zu Hause nur davon, dass sich heute wieder alle „schrecklich" benommen haben, bekommen Eltern schnell den Eindruck, dass es dort wohl „drunter und drüber" gehe. Berichten die Schüler*innen aber davon, was sie alles schon gut können, **gewinnen auch die Eltern einen positiven Eindruck** vom Unterricht und der Lehrkraft in der Klasse.

Wir möchten Ihnen an dieser Stelle einige wenige, **leicht umzusetzende Möglichkeiten zur Rückmeldung von Gelingendem vorstellen**, mit denen wir selbst sehr gute Erfahrungen gemacht haben.

Herzchen/Pluspunkte sammeln

Diese Methode fokussiert Schüler*innen und Lehrperson auf das Gelingende und hilft, im Alltag die positive Rückmeldung nicht zu vergessen. Dazu wird zu Beginn der Stunde ein **großes Herz** (geeignet für jüngere Schüler*innen; funktioniert aber manchmal noch bis Klasse 7) oder **ein großer Kreis mit einem Plus in der Mitte** an die Tafel gemalt (siehe Abbildung „Herzchen- oder Pluspunkte-Sammlung" unten). Die Schüler*innen werden gebeten, auf alles zu achten, *„was uns in der Stunde als Klasse gut gelingt"*. Am Ende der Stunde werde man sammeln und schauen, wie viele Herzchen bzw. Pluspunkte man gemeinsam sammeln konnte.

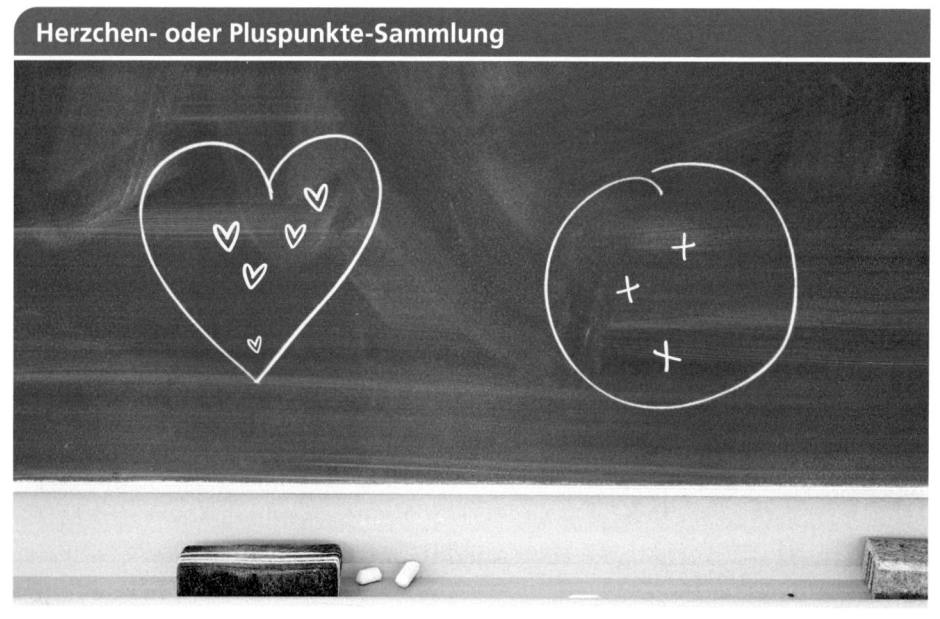

Herzchen- oder Pluspunkte-Sammlung

© Verlag an der Ruhr, nach Blum & Blum
  unter Verwendung eines Fotos „Tafel" © erikdegraaf – stock.adobe.com

Wenn Sie mit dem Herzchen-Pluspunkte-Sammeln beginnen, ist es oft günstig, schon nach kurzer Zeit ein Herzchen oder Pluspunkt für etwas zu geben, was Ihnen selbst aufgefallen ist. Etwa so: *„Beim Erklären des Arbeitsauftrags waren alle still und haben nach vorn geschaut. Dafür gebe ich gleich einmal einen Pluspunkt."* So können die Schüler*innen sehen, wie das Sammeln funktioniert, und sie merken, dass auch kleine und ganz konkrete („normale") Dinge nun wahrgenommen werden. Das **fokussiert** die Schüler*innen selbst ebenfalls **auf diese Verhaltensweisen** und gibt ihnen ein Bild davon, was das gewünschte Verhalten genau ist. **Die positive Verstärkung** macht die Schüler*innen außerdem stolz und zeigt ihnen, dass sie „es eigentlich können".

Am Ende der Stunde (bei jüngeren Schüler*innen auch schon nach einem kürzeren Zeitabschnitt) lassen Sie dann zunächst die Schüler*innen **selbst Gelingendes benennen**: *„Wofür würdet ihr der Klasse heute ein Herzchen/ einen Pluspunkt geben?"* Alles, was genannt wird, läuft allerdings vor dem tatsächlichen Aufschreiben durch **Ihren wohlwollenden „Filter"** als Lehrkraft, sodass nur ein Herzchen/Pluspunkt für das gegeben wird, was auch Sie so wahrgenommen haben. Wohlwollender Filter bedeutet dabei, dass Sie zunächst eher großzügig in der Verteilung sind. Es können auch halbe Herzchen oder halbe Pluspunkte vergeben werden, wenn z. B. zwar eine Verbesserung eingetreten ist, aber noch nicht alle dabei waren (*„Ich gebe ein halbes Herzchen, weil viele in der Klasse still waren und nach vorn geschaut haben."*). Sind alle Herzchen/Pluspunkte gesammelt, werden sie gezählt und die Zahl groß neben das große Herz bzw. den Pluspunkte-Kreis geschrieben. Dabei sollten Sie betonen, wie sehr sich die Klasse angestrengt habe und dass die Zahl der Herzchen zeige, was die Klasse geleistet habe. Die Schüler*innen lieben es, wenn ihnen gesagt wird, was sie „gut" gemacht haben. **Selbst höhere Klassen schätzen die Visualisierung durch Pluspunkte**, auch wenn sie dies nicht immer laut sagen.

Zu beachten ist, dass die Herzchen/Pluspunkte **für das Verhalten der ganzen Klasse** gesammelt und in der Regel keine individuellen Herzchen vergeben werden. Dies verhindert, dass die Schüler*innen sich gegenseitig ausstechen wollen oder einzelne Schüler*innen Sie in Diskussionen darüber verwickeln, dass sie heute aber ein Herzchen/Pluspunkt verdient hätten. **Einzige Ausnahme:** Aus der Klasse selbst kommt der ernsthafte Vorschlag, dass heute einmal Marian (der üblicherweise bei Erklärungen dazwischenredet) ein Herzchen/Pluspunkt verdient habe, weil er die ganze Zeit während der Erklärungen der Lehrperson keinen Kommentar gemacht hat. Dann können Sie schauen, ob die Klasse (und Sie selbst auch) diese Einschätzung teilt, und ausnahmsweise Marian ein Einzelherz geben. Es sollte auch darauf geachtet werden, dass bei der Vergabe der Herzchen/Pluspunkte **der Bereich des sozialen Miteinanders und der Regeleinhaltung** verstärkt einbezogen wird. Die Fokussierung auf die kognitiven Leistungen (*„Wir haben die richtigen Antworten gegeben."*) sollte eine eher untergeordnete Rolle spielen, da diese im Gegensatz zu den sozialen Kompetenzen bereits umfassend durch die Notenvergabe abgebildet werden und es hier um die Verstärkung eines gelingenden Miteinanders geht. Manchmal fragen die Schüler*innen, für wie viele Herzchen/Pluspunkte man denn hinterher etwas bekomme. Dann sollten Sie antworten, dass man sich gemeinsam über das freuen wolle, was gelingt (*„Wir schauen einfach, was wir schon gut machen, und freuen uns daran."*).

Sind die Schüler*innen mit der Methode vertraut, kann man auch gezielt zwei oder drei Schüler*innen beauftragen, darauf zu achten, was die Klasse heute gut gemacht hat. Das sind dann die **Herzchen-Detektive oder Pluspunkte-Wächter**. Damit können Sie **einzelnen Schüler*innen eine besondere Verantwortung übertragen**. Das können entweder diejenigen sein, die eher Unruhe produzieren, oder auch diejenigen, die eher still sind, aber gut beobachten, und die es sonst manchmal schwer haben, zu Wort zu kommen.

Variante: Die gelingenden Verhaltensweisen werden von einer zweiten, beobachtenden Person (Schulsozialarbeiter*in, Teamteacher, Pädagogische Assistenz o. Ä.) in einem **Herzchen- oder Pluspunkte-Buch** notiert, am Ende der Stunde vorgelesen und an der Tafel festgehalten. Die Schüler*innen können anschließend eigene Wahrnehmungen ergänzen. Später können auch Schüler*innen diese Aufgabe übernehmen.

❘ Grüne Einträge

In vielen Schulen gibt es Einträge, manchmal sogar rote Einträge, bei besonderem Fehlverhalten einzelner Schüler*innen oder der ganzen Klasse. Eine weitere Möglichkeit, positives oder gewünschtes Verhalten zu verstärken, besteht darin, dieses Verfahren für Gelingendes zu verwenden und „Grüne Einträge" zu vergeben. Auch hier sollte das Lob **beschreibend und konkret** sein („*Die Klasse hat heute ruhig gearbeitet.*"). Auch sollte darauf geachtet werden, dass der Grüne Eintrag keine „heimliche" Einschränkung oder Abwertung enthält, also nicht: „*Die Klasse hat heute endlich mal ruhig gearbeitet.*"

Der Grüne Eintrag hat den Vorteil, dass er **nicht viel Zeit** kostet und ohne viel Aufhebens gemacht werden kann. **Damit eignet er sich besonders für höhere Klassen.** Auch individuelle Grüne Einträge sind möglich. Sie bergen aber die gleichen Gefahren wie die Vergabe individueller Herzchen/Pluspunkte. **Als individuelle Rückmeldungen eignen sich eher kurze Signale**, die insbesondere bei älteren Schüler*innen auch unbemerkt von der restlichen Klasse gegeben werden können, wie z. B. kurzes Daumen hoch oder Nicken beim Verlassen der Klasse, eine **schriftliche Rückmeldung** im Mitteilungsheft oder unter einer schriftlichen Arbeit (z. B. Arbeitsblatt, Klassenarbeit usw.).

Positive Rückmeldung an die Eltern

Eine weitere Möglichkeit, **gewünschtes Verhalten zu verstärken**, besteht darin, dieses den Eltern zurückzumelden. Lehrkräfte, die ohnehin im Kontakt zu ihren Elternvertreter*innen stehen, können explizit oder auch nebenbei einfließen lassen, **welche lernförderlichen Verhaltensweisen die Klasse zeigt**. Sprechen Sie explizit darüber, können Sie die Elternvertreter*innen bitten, Ihre Einschätzungen auch an die übrigen Eltern weiterzugeben. Der Elternabend ist ebenfalls ein guter Ort, um **über die Verhaltensweisen zu sprechen**, die lernförderlich sind und einem guten Miteinander dienen. Auch hier ist darauf zu achten, dass die Verhaltensweisen möglichst konkret beschrieben werden (*„Sobald ich mit dem Unterricht beginne, sitzen alle Schüler*innen still an ihrem Platz. Das schätze ich sehr."*). Eltern bekommen sonst schnell den Eindruck, dass die Lehrkraft in eine allgemeine „Lobhudelei" verfällt, womöglich um nicht über die eigentlichen Schwierigkeiten sprechen zu müssen. Nicht hilfreich ist es, sich **darüber zu beklagen, dass die Klasse viel zu laut sei**. In der Regel kommt die Rückfrage der Eltern, was die Lehrkraft denn dagegen machen wolle. Dann ist schnell die Gefahr eines Schlagabtauschs zur Rechtfertigung gegeben.

Auch **individuelle Rückmeldungen** an die einzelnen Eltern sind **ein guter Weg der Verstärkung**. So berichten z. B. Lehrkräfte, die eine Klasse neu übernommen haben, von guten Erfahrungen mit einer kurzen Rückmeldung zu Gelingendem an jedes Elternhaus, z. B. kurz vor Weihnachten. So kann auch gleichzeitig ein **individueller Kontakt zu den Elternhäusern** aufgebaut werden, der auch dann trägt, wenn es einmal schwierig wird.

Motivieren durch Beziehungsstärkung

Jeder Mensch braucht **Zuwendung, Lob und Wertschätzung**. Jede*r von uns möchte als Person, die etwas kann, etwas beiträgt und die wertvoll ist, gesehen werden. Insbesondere „schwierigen" Schüler*innen fehlt oft gerade diese Zuwendung, dass sie gesehen und auch mit ihren Stärken wahrgenommen werden. Daher ist es für die Lehrkraft insbesondere in „lauten" Klassen wichtig, eine **gute Beziehung zur Klasse und zu den einzelnen Schüler*innen** aufzubauen. Darüber hinaus hilft auch die Stärkung der Beziehung der Schüler*innen untereinander, die Schwierigkeiten des Unterrichts gemeinsam als Klasse anzugehen und als **Motivation für Veränderungen und Anstrengung** zu begreifen.

Da wir den Bereich der Beziehungen zwischen Lehrkräften und Schüler*innen – mit- und untereinander – und dessen Wichtigkeit für gelingendes Lernen und Unterrichten hier nicht ausführen können, beschränken wir uns auf ein paar Anregungen, die Sie bei Interesse an anderer Stelle (siehe Literaturverzeichnis S. 160) vertiefen können.

Schüler*innen als Personen wahrnehmen

Beziehungsstärkung kann und sollte selbstverständlich ständig stattfinden. Möglichkeiten dazu gibt es viele. Insbesondere die Wahrnehmung der Schüler*innen als **individuelle, wertvolle und in ihrer Eigenheit zu schätzende Personen** sollte die Grundlage jedes Lehrerhandelns sein. Dazu gehört etwa wahrzunehmen, wie es einzelnen Schüler*innen geht, was vielleicht auffällt (neue Frisur, schicker Pulli) und die persönliche Ansprache. Hilfreich ist es auch, darauf zu achten, dass die **Person immer vom Verhalten getrennt** wird. Also nicht: „Du siehst gut aus!", sondern: „Mir gefällt dein Pulli."; nicht: „Du bist traurig!", sondern: „Du siehst traurig aus." Diese Trennung ist wichtig, denn sie zeigt, dass die Lehrkraft auch bei unangemessenem Verhalten das Verhalten separat ansprechen und gleichzeitig die Person wertschätzen kann.

Individuelle Schülergespräche

Will man die **individuelle Beziehungsstärkung** etwas strukturierter angehen, bieten sich individuelle Schülergespräche an. Bei diesen Gesprächen sollte unbedingt das Persönliche im Vordergrund stehen. Es sollte nicht um Zielformulierungen oder Lernentwicklung gehen, sondern darum, wie der*die Schüler*in sich in der Klasse fühlt, was er*sie schätzt oder auch gern anders hätte. Nach dem Grundsatz „mehr fragen als sagen" sollte die Lehrkraft hier mehr zuhören und wahrnehmen als selbst sprechen. Anschließend kann sie dann auch **aus einer ganz persönlichen Wahrnehmung die Stärken des Schülers oder der Schülerin** (nicht die Schwächen!) zurückmelden („*Mir gefällt, dass du dich sofort meldest, wenn ich Hilfe brauche!*").

Führen Sie die individuellen Gespräche turnusmäßig mit jedem*jeder Schüler*in, verliert das Gespräch den Ruch der „Bestrafung", denn häufig werden Schüler*innen nur zum Gespräch „zitiert", wenn ihnen ins Gewissen geredet werden soll. Daher kann es gut möglich sein, dass Sie bei den Schüler*innen zu Beginn erst einmal Vertrauen in das Format aufbauen müssen. Beziehungsstärkend kann es auch sein, wenn bei sehr verschlossenen Schüler*innen zunächst nur ein Gesprächsangebot gemacht wird und der*die Schüler*in eingeladen werden, eigene Themen einzubringen, selbst auf die Gefahr hin, dass er*sie zunächst gar nichts sagt. Das ist nicht immer einfach, da es dann wichtig ist, Stille auszuhalten.

Klassenrat

Der Klassenrat stellt eine Möglichkeit dar, die Beziehung der Lehrperson zu den Schüler*innen sowie die Beziehungen der Schüler*innen untereinander zu stärken. **Die Klasse** erlebt sich im Klassenrat **als Gemeinschaft**, der es gelingt, auch **Probleme, Konflikte und Wünsche** so zu bearbeiten, dass niemand ausgeschlossen oder abgewertet wird und eine gemeinsam getragene Lösung gefunden wird.

Im Klassenrat – definiert als eine **regelmäßig stattfindende, strukturierte, lösungsorientierte Gesprächsrunde**, in der sich Schüler*innen und die Klassenlehrkraft gemeinsam mit **konkreten Anliegen der Klassengemeinschaft** beschäftigen und dazu möglichst einvernehmliche Lösungen finden – kommen die ganze Klasse und die Klassenlehrkraft regelmäßig (z. B. wöchentlich oder alle zwei Wochen) zum Austausch zusammen. Die Schüler*innen und die Lehrperson sitzen im Kreis, also nicht in der üblichen Unterrichtssitzordnung, und besprechen nach einer festen Struktur die zuvor gesammelten Anliegen. In der Regel leiten zunächst Sie als Lehrkraft den Klassenrat, später – am besten nach einer Fortbildungsphase – können auch Schüler*innen die Leitung übernehmen. Alle Themen, die die Schüler*innen einbringen (Schwierigkeiten, Konflikte, Wünsche, Ideen, Projekte, Organisationsfragen), werden besprochen. So können die einzelnen Schüler*innen **als Personen sichtbar werden** und sich mit ihren **Stärken einbringen**. Gleichzeitig werden Beziehungen geklärt und gestärkt.

Der Klassenrat folgt einer **festen Struktur**, die wir im Folgenden kurz darstellen möchten. Bei der Ausführung der einzelnen Schritte beziehen wir uns auf unser Buch „Konflikte im Klassenzimmer deeskalieren und konstruktiv bearbeiten" (Blum & Blum 2015). Wer sich genauer damit beschäftigen möchte, sei auch auf unser Buch „Der Klassenrat"[5] verwiesen.

---

[5] siehe Eva Blum und Hans-Joachim Blum: Der Klassenrat. Ziele, Vorteile, Organisation, Verlag an der Ruhr: Mülheim an der Ruhr, 2012.

Der Klassenrat durchläuft in seiner festen Struktur folgende Schritte:

Schritt 1. Begrüßung und Positive Runde
Alle Anwesenden werden durch die Leitung begrüßt. Diese weist auf die bestehenden Regeln hin und verteilt die Ämter (Protokollführer*in ist nötig – Redelistenführer*in, Zeitwächter*in, Regelwächter*in sind möglich). In der anschließenden Positiven Runde nennen alle Anwesenden etwas Gelingendes, positiv Erlebtes oder Schönes aus dem Klassenalltag. Zur Unterstützung kann ein Redegegenstand herumgegeben und Satzanfänge als Formulierungshilfen angeboten werden (z.B. *„In dieser Woche hat mich gefreut, dass ..."*/ *„Gut getan hat mir, dass ..."*/ *„In unserer Klasse gefällt mir, dass ..."*). Die Positive Runde ist wichtig, weil sie den Blick der Anwesenden auf das Gelingende und Positive lenkt. Hier können auch gegenseitige Lobrunden, „warme Duschen" (die Klasse meldet einem*einer Schüler*in ausschließlich Positives zurück) oder Wochen-Herzchen/Pluspunkte-Sammlungen ihren Platz haben.

Schritt 2. Was ist aus den Ergebnissen der letzten Sitzung geworden?
Der*die Protokollführer*in trägt die Beschlüsse der letzten Sitzung vor. Die Beteiligten werden aufgerufen, eine Rückmeldung zu den Beschlüssen zu geben. Falls eine Konfliktlösung vereinbart worden ist, wird die Lösung evaluiert. Wenn die Lösung trägt, wird sie wie besprochen weitergeführt; wenn nicht, kommt der Konflikt erneut auf die Tagesordnung. Dieser Schritt – der Rückblick auf die Beschlüsse der letzten Sitzung – ist wichtig und darf nicht entfallen, da die Schüler*innen dadurch den Eindruck bekämen, dass sie einer Lösung zustimmen und Aufgaben übernehmen können, ohne dass das Resultat im weiteren Verlauf betrachtet wird.

Schritt 3. Welche Anliegen gibt es heute?
In diesem Schritt wird die „Tagesordnung" der Sitzung festgelegt. Die seit der letzten Sitzung gesammelten Anliegen (z.B. in einem Buch oder in einer Box) werden vorgelesen. Dabei wird zunächst beurteilt, ob sie mit Namen und Datum versehen sind (anonyme Anliegen werden nicht behandelt) und der Regel *„Ich spreche von mir!"* entsprechen. Die Person, die das Anliegen eingebracht hat, wird befragt, ob dieses noch aktuell ist. Wenn sie bestätigt, werden die Beteiligten gefragt, ob sie mit der Besprechung einverstanden sind. Das Prinzip der Freiwilligkeit gilt nur für den Klassenrat. Sollte jemand nicht einverstanden sein, muss die Lehrkraft einen anderen Ort finden, um das Anliegen zu besprechen und den Konflikt zu lösen. Anschließend wird eine Reihenfolge der Besprechung der Anliegen festgelegt (z.B. durch Los, durch Abstimmung, nach Reihenfolge des Eingangs).

Schritt 4. Besprechung des Anliegens

Die Person, die das Anliegen eingebracht hat, trägt es vor. Anschließend bekommen weitere Beteiligte die Gelegenheit, Stellung zu nehmen. Dabei ist es wichtig, dass jede*r von sich und seiner*ihrer Wahrnehmung spricht. Ohne sich gegenseitig Schuld zuzuweisen oder Forderungen aufzustellen, geht es bei diesem Schritt um das Verstehen des Anliegens und die damit verbundenen Wünsche, Bedürfnisse und Ziele.

Schritt 5. Lösungssuche

Sobald alle das Anliegen verstanden haben und erkennen, welche Wünsche und Bedürfnisse vorliegen, sammelt die Klassengemeinschaft Lösungsvorschläge im Sinne eines Brainstormings: Dabei werden alle Vorschläge unkommentiert zusammengetragen. Ziel ist es zunächst, möglichst viele verschiedene Ratschläge zu finden, aus welchen die Beteiligten dann auswählen. Bei einem Konflikt werden alle Parteien bei der Entscheidung für einen Lösungsweg einbezogen. Ist die ganze Klasse involviert (z. B. bei der Planung eines Ausflugs), kann auch abgestimmt werden.

Schritt 6. Ergebnis formulieren und aufschreiben

Im letzten Schritt wird aufgeschrieben, auf welche Lösungs- oder Vorgehensschritte sich die Beteiligten geeinigt haben. Diese werden im Ergebnisprotokoll vermerkt. Die Beschreibung sollte möglichst konkret und kleinschrittig sein und die Fragen „Wer tut was genau mit wem bis wann?" beantworten. Je jünger die Schüler*innen sind, umso konkreter sollte das Vorgehen festgehalten werden. Also nicht: „Wir vertragen uns wieder.", sondern: „Simon spielt in der nächsten Pause mit Hassan auf dem Klettergerüst. Felix und Mailin spielen auch mit."

Im Klassenrat können also Konflikte oder andere Anliegen unter **Mithilfe der ganzen Klasse** einer **tragfähigen Lösung** zugeführt werden. Dadurch erleben sich alle Mitglieder der Klasse, zu der auch die Klassenlehrkraft gehört, als Gemeinschaft. So wird die Klassengemeinschaft gestärkt und die Schüler*innen erfahren, dass sie **wichtige Personen in einem tragfähigen Beziehungsgeflecht** sind.

Hinweis: Damit der Klassenrat seine positive Wirkung entfalten kann, muss er unbedingt **lösungs- und ressourcenorientiert** arbeiten. **Der Grundsatz lautet:** Wir suchen Lösungen, **nicht** Schuldige. Es geht darum, nach vorn zu schauen und gemeinsam in der Klasse zu überlegen: „Wie können wir es gemeinsam schaffen, dass wir eine für alle tragbare Lösung finden oder dass dieses Problem nicht mehr auftritt?", „Wie können wir alle mithelfen, dass die Betroffenen auch nach einem Konflikt gemeinsam in der

Klasse sein können und wieder gut miteinander arbeiten?" Lösungsorientierung bedeutet dabei nicht, dass es immer sofort eine Lösung geben muss, sondern dass der Blick konsequent nach vorn gerichtet ist, statt danach zu suchen, was „schon immer" nicht funktioniert hat oder „wer angefangen" hat. Das erfordert oft Geduld von der Lehrperson und Zutrauen in die Fähigkeiten der Schüler*innen, aber auch den immer wieder nötigen Hinweis, dass der Klassenrat eben **keine Gerichtsverhandlung** ist. Hier wird **nicht** herausgefunden, wer angefangen hat (was ohnehin meist nicht gelingt), es werden keine Strafen verhängt und es wird auch nicht darüber abgestimmt, wer Schuld hat. Im Klassenrat wird stattdessen überlegt, wie es allen in der Klasse gut gehen kann und wie man sich **gegenseitig unterstützt**. Das erfordert von der Lehrkraft bzw. der Leitung gelegentlich auch eigenes Umdenken und eine vielleicht bisher nicht gekannte Rolle. Deshalb ist es wichtig, dass Sie sich als Lehrperson zunächst die eigene Haltung bewusst machen und die eigene Rolle klären. Im Klassenrat fungieren Sie als Moderator*in und Gesprächsleitung und nicht als diejenige Person, die weiß, wie es geht.

Teamspiele

Das Ziel von Teamspielen ist es, die Teilnehmer*innen erfahren zu lassen, dass es **gemeinsam besser** geht. Dazu können Sie Spiele und Übungen wählen, die eine gute Kooperation voraussetzen, damit das gemeinsame Ziel der Kleingruppe oder der ganzen Klasse erreicht wird. Wir nutzen Teamspiele manchmal auch als **Diagnoseinstrument**. Bei einem Teamspiel wird schnell klar, ob z. B. eine*r oder wenige Schüler*innen in einer Außenseiterposition sind oder Gefahr laufen, dorthin zu kommen. Liegt eine solche Konstellation bereits sichtbar vor, muss das Spiel oder die Übung sehr sorgfältig ausgesucht werden, damit das Teamspiel die vorhandene Dynamik nicht noch verstärkt. Die Spielleitung, in diesem Fall Sie als Lehrkraft, ist also aufgerufen, die Übung vorher genau zu prüfen.

Da es eine Vielzahl von Veröffentlichungen zu diesem Thema gibt, wollen wir hier nur eine kleine Auswahl von Teamspielen vorstellen, die wir selbst gerne nutzen. Eines davon haben wir schon oben beschrieben. „Ordnen nach Merkmalen ohne Worte" (siehe S. 40) ist ein Teamspiel, das gleichzeitig eine Stille-Übung ist. Auch alle anderen hier genannten Spiele können als „stille Spiele" gespielt werden.

🅂 Die Klasse im Viereck

Ziel des Spiels ist es, das sich die ganze Klasse so koordiniert, dass sie sich in einem festgelegten Bereich befindet. Dazu wird mit Kreppband ein ca. 1 m x 1 m großes Viereck auf den Boden geklebt. Die Aufgabe der Klasse besteht darin, dass alle Schüler*innen sich gemeinsam in diesem Viereck befinden und kein Körperteil den Boden außerhalb des Vierecks berühren darf. Außerdem dürfen keine Hilfsmittel verwendet werden. Als Regel gilt, dass man vorsichtig miteinander umgeht, damit niemand verletzt wird. Hilfreich ist es, ein akustisches Signal zu vereinbaren, auf das hin sich alle Schüler*innen sofort wieder an den Platz setzen müssen.

So geht's:
Die Klasse sitzt im Stuhlkreis; das Viereck befindet sich in der Mitte. Sie erklären die Regeln und starten dann das Spiel. Schafft die Klasse es gleich ohne Probleme, wird das Viereck verkleinert. Schafft die Klasse es nicht, wird unterbrochen (Tonsignal) und die Klasse darf, im Stuhlkreis sitzend, Strategien sammeln, wie es gelingen könnte. Wichtig ist, dass Sie nicht helfen, sondern es der Lerngruppe überlassen, die verschiedenen Strategien auszuprobieren. Hat die Klasse das Ziel erreicht, können Sie auswerten lassen, wie sie es geschafft hat und was sie dabei für das Miteinander gelernt hat.

> **TIPP**
> Als Richtschnur für das Viereck: lieber zunächst zu groß als zu klein. Für Sie als Lösungshinweis: Am besten funktioniert es, wenn sich die Schüler*innen nacheinander koordiniert in das Viereck stellen, und zwar so, dass immer zwei Reihen einander anschauen und die Füße versetzt zwischen einander gestellt werden.
> **Achtung:** Beachten Sie, dass bei diesem Spiel Körperkontakt entsteht, was nicht in jeder Klasse möglich ist.

🅂 Stühle-Fall

Bei diesem Kooperationsspiel geht es darum, dass die Klasse ihr Handeln so koordiniert, dass kein Stuhl im Stuhlkreis umfällt, während die Schüler*innen die Plätze wechseln.

So geht's:
Die Stühle bilden einen Stuhlkreis und jede*r Schüler*in steht hinter dem eigenen Stuhl. Jede*r legt nun eine Hand auf den Stuhlrücken und kippt

den Stuhl auf die hinteren Stuhlbeine. Die andere Hand darf nicht benutzt werden. Die Klasse soll nun einmal um den Stuhlkreis herumgehen, wobei alle Stühle auf den hinteren Stuhlbeinen bleiben müssen und nicht umfallen dürfen. Die Klasse muss sich einigen, in welche Richtung sie geht und wie sie das Gehen koordiniert. Auch hier sollten Sie sich nicht einmischen, sondern die Lerngruppe erfahren lassen, wie sie es gemeinsam schafft, das Ziel zu erreichen. Mit älteren Schüler*innen kann man dieses Teamspiel auch ohne Sprechen durchführen. Die anschließende Auswertung sollte auf das Wie des Einigungsprozesses abzielen oder die Hindernisse („*Was müsste verändert werden, damit es beim nächsten Mal funktioniert?*") in den Blick nehmen.

S Seilkreis

Beim Seilkreis erfahren die Schüler*innen, wie wichtig es ist, aufeinander zu achten und zu spüren, was nötig ist, damit die Klasse „im Gleichgewicht" bleibt.

So geht's:
Für den Seilkreis brauchen Sie ein mehrere Meter langes, etwa fingerdickes Seil, das Sie zu einem Seilkreis zusammenknoten. Die Schüler*innen stehen um den Seilkreis im Kreis. Auf ein Zeichen hin nehmen sie das Seil in beide Hände und spannen es. Aufgabe ist nun, dass die Schüler*innen sich vorsichtig zurücklehnen und sich dabei gegenseitig halten. Dies erfordert Konzentration und Einfühlungsvermögen. Außer den Signalen von Ihnen sollte es still sein. In der Auswertung kann gefragt werden, wie die Klasse es geschafft hat, im Gleichgewicht zu bleiben, und wie es sich angefühlt hat, von den anderen gehalten zu werden.

> **TIPP**
> Es ist leichter, wenn die Schüler*innen die Arme nicht anwinkeln und die Füße möglichst stehen lassen. In geübteren Klassen können Sie einzelne bitten, sich nach vorn zu lehnen. Dabei müssen alle noch besser kooperieren, um den Kreis im Gleichgewicht zu halten.

Verstärker nutzen

Wenn wir im Rahmen unserer Arbeit mit Schulklassen Unterrichtsbeobachtungen durchführen, sehen wir **in lauten Klassen meist ein typisches Muster**: den „lauten", **den unterrichtsstörenden Verhaltensweisen wird viel Aufmerksamkeit geschenkt**, während die stillen, regelkonformen Verhaltensweisen unbeachtet bleiben. Dies führt häufig dazu, dass sich immer mehr „stille", die Regeln einhaltende Schüler*innen entschließen, bei den „lauten" mitzumachen, je länger dieser Zustand dauert: **Negative Aufmerksamkeit ist besser als keine**. Da gute Noten, ein guter Abschluss und späterer beruflicher Erfolg im Leben für die meisten Schüler*innen sehr weit weg sind, stellen sie nur für Abschlussklassen und sehr wenige andere eine genügend starke Motivation für regelkonformes Verhalten dar. Im Gegenteil, oft fragen sich die Schüler*innen sogar, was sie eigentlich davon haben, wenn sie im Unterricht leise sind und sich regelkonform verhalten.

Der Schüler einer 6. Klasse erklärte das einmal so: *„Wissen Sie, Frau Blum, ich erkläre Ihnen jetzt mal, wie das bei uns ist: Ein paar in unserer Klasse* (dazu malte er ein passendes Tortendiagramm [!] an die Tafel), *die wollen lernen und halten sich an die Regeln, egal was sonst los ist. Und genauso haben wir ein paar, die gar nicht lernen wollen und immer Quatsch machen. Und dann gibt es ganz viele in der Mitte – die wollen eigentlich lernen, aber irgendwie ist es auch anstrengend – und weil man ja nichts davon hat, still zu sein, machen die dann lieber bei den Quatschmachern mit."* **Eine beeindruckende Analyse.**
Diese Erklärung deckt sich auch mit den Forschungsergebnissen zu Motivation – und führt dazu, sich zu überlegen, wie man erreicht, dass **die „große Mitte"** sich entschließt, bei den „Lernenden" mitzumachen.

▌ Belohnen? Für ganz normales Verhalten?

Der häufigste Einwand, den wir gegen Verstärker hören, lautet so wie die Überschrift zu diesem Unterkapitel: *„Wie? Ich soll die Schüler*innen auch noch belohnen für Verhalten, das eigentlich ganz normal sein sollte?"* Natürlich wäre es schön, wenn alle Schüler*innen „normales", regelkonformes Verhalten an den Tag legten. Aber wie wir alle wissen, ist dies nicht immer der Fall. Man kann also zunächst einmal davon ausgehen, dass manche Schüler*innen schlicht keine Regeleinhaltung können und sie diese erst erlernen müssen. Für diese Schüler*innen ist **das von der Lehrkraft gewünschte Verhalten** also nicht „normal", sondern stellt **eine besondere Lernleistung** dar. Es nützt nun folglich nichts, sich über fehlendes „normales" Verhalten aufzuregen, sondern es gilt, damit umzugehen.

Schauen wir uns nun noch einmal die Erklärung des Schülers in der 6. Klasse an. In jeder Klasse gibt es **Schüler*innen, die leise und konzentriert sein können, die sich intrinsisch motivieren** und meistens bei der Sache sind. Auf der anderen Seite gibt es auch die, **die wenig Selbststeuerung gelernt haben und so gut wir gar nicht intrinsisch motiviert sind** und auch schwer extrinsisch zu motivieren sind. Alle dazwischen, **die eigentlich wollen, denen es aber oft zu anstrengend ist**, sind diejenigen, die **am ehesten über Verstärker** erreicht werden können.

Unser Kollege Philippe Junod teilt die Schüler*innen vereinfacht in **drei Schülertypen** ein (Quelle: unveröffentlichte Fortbildungsunterlagen) und erklärt, wie Verstärker auf den jeweiligen Schülertyp wirken:

Typ 1 weiß, wie man sich verhalten soll, und tut es auch.
➡ Er wird durch Verstärker darin bestärkt, so weiterzumachen.

Typ 2 weiß, wie man sich verhalten sollte, richtet sich aber eher nach Typ 3.
➡ Er überlegt sich, ob er nicht vom Verstärker profitieren möchte.

Typ 3 weiß (aus verschiedenen Gründen) offensichtlich nicht, wie man sich verhalten sollte, und wird durch die Unterstützung von Typ 2 in seinem nicht angemessenen Verhalten bestärkt.
➡ Er kann sich abschauen, wie man sich verhalten sollte, und damit auch vom Verstärker profitieren, indem er letztlich positive Zuwendung bekommt.

Somit stellen Belohnungen durchaus eine realistische Möglichkeit dar, **mit wenig Aufwand** den Anteil der Schüler*innen klein zu halten, die sich aus welchen Gründen auch immer nicht an Regeln halten können oder wollen und die folglich andere Maßnahmen brauchen. Im Rahmen eines gezielten Trainings mit dem Anti-Laut-Programm, das wir ausführlich in Kapitel 5 beschreiben, wird entsprechend schnell klar, wer sich nicht an die Regeln halten kann oder will. Für diese – sehr wenigen – Schüler*innen müssen dann andere Wege der Unterstützung gefunden werden (siehe Kapitel 6 „Frequently asked questions", S. 146).

Um an dieser Stelle einem Missverständnis vorzubeugen: Das Verwenden von Belohnungen darf nicht bedeuten, dass Schüler*innen nur Beachtung finden, wenn sie sich in den Augen der Lehrkraft „richtig" verhalten – im Gegenteil ist immer die erwachsene Person aufgerufen, gerade „schwierigen" Schüler*innen ein Beziehungsangebot zu machen, da sie zuvörderst für die Qualität der Beziehung Sorge zu tragen hat. Hier geht es, wie schon zuvor erwähnt, darum, die Person wahrzunehmen, auch wenn das Verhalten unangemessen scheint (siehe Kapitel 3 „Motivieren durch Beziehungsstärkung", S. 53).

Über den ersten Schritt, das Wahrnehmen und Benennen des gewünschten Verhaltens durch die Lehrperson, haben wir oben schon gesprochen. Nun stellt sich die Frage, wie Sie als Lehrperson das gewünschte Verhalten, das die Schüler*innen ja durchaus zeigen, so verstärken können, dass die Schüler*innen motiviert sind, dieses öfter zu zeigen, weil „sie ja etwas davon haben".

Möglichkeiten der positiven Verstärkung

→ Wahrnehmung: Herzchen/Pluspunkt
→ Lob/Zeichen der Anerkennung

→ Sterne/Stempel/Murmeln o. Ä. sammeln
→ direkte Verstärkung (Schatzkiste)
→ Zuwendung: Zeit mit der Lehrkraft
→ Vergünstigung: etwas Besonderes dürfen
→ Belohnung durch Gutscheine

An dieser Stelle wollen wir Ihnen zunächst **einige Möglichkeiten der Verstärkung** von regelkonformem Verhalten vorstellen. Die Abbildung oben zeigt eine Übersicht möglicher Verstärker. Die Verstärker oberhalb des Strichs können jederzeit und ohne strukturiertes System angewendet werden. Für alle Verstärker unterhalb des Strichs empfehlen wir die Verwendung innerhalb eines Trainingsplans, damit der Erfolg nachhaltig ist (siehe Kapitel 5).

Wahrnehmung

Die einfachste Form der Verstärkung besteht, wie schon erwähnt, in der **Wahrnehmung und ggf. Benennung des gewünschten Verhaltens**. Dazu haben wir oben bereits die Herzchen-/Pluspunkt-Methode vorgestellt. Mit jüngeren Schüler*innen können Sie diese auch noch dadurch verstärken, dass Sie oder auch einzelne Schüler*innen *„heute einmal die Herzchenbrille"* aufsetzen, durch die man nur das gelingende, regeleinhaltende Verhalten der Schüler*innen sieht. Eine echte Herzchenbrille, die Sie günstig in Drogerie- oder „Kleinkram"-Märkten bekommen, kann dabei unterstützen.

Auch ein Lob oder ein Zeichen der Anerkennung, wie Daumen hoch, ist eine positive Verstärkung (siehe dazu auch Kapitel 3 „Das Gelingende sehen und aussprechen", S. 47). Ältere Schüler*innen haben es meist lieber, wenn man ihnen das Lob oder Zeichen der Anerkennung im Einzelkontakt und nicht unbedingt vor der Klasse zukommen lässt. Darauf sollte man insbesondere achten, wenn in der Klasse eine Dynamik herrscht, in der leistungswillige und kooperative Schüler*innen schnell als Streber*in betitelt und ausgegrenzt werden.

Sterne/Stempel/Murmeln o. Ä. sammeln

Diese Möglichkeit der Verstärkung beruht darauf, dass **gewünschtes Verhalten mit einem sichtbaren Symbol** gekoppelt wird. Hierbei gibt es eine individuelle Variante, bei der das Verhalten jedes einzelnen Schülers oder jeder einzelnen Schülerin mit dem Verstärker versehen wird oder das Verhalten einer Gruppe oder der Klasse als ganzes in den Blick genommen wird.

Beispiel: Wenn die ganze Klasse ruhig mitgearbeitet hat, wird eine Murmel in das Klassenglas gegegeben. Analog kann dies für die Tischgruppe oder den*die einzelne*n Schüler*in gelten.

Meist wird dabei ein Ziel mit einer Belohnung festgelegt (z. B. *„Wenn das Klassenglas voll ist, machen wir einen Ausflug."*). In manchen Klassen ist es auch möglich, sich einfach über die Symbole zu freuen, ohne dass am Ende eine Belohnung steht. Bedenken Sie, dass dieses Vorgehen, die Klasse als gesamte zu belohnen, je nach Klasse auch problematisch sein kann (siehe Kapitel 5 „Schritt 2: Verstärker auswählen", S. 88).

Direkte Verstärkung

Bei der direkten Verstärkung handelt es sich um **eine sofortige materielle Belohnung**, z. B. durch Süßigkeiten, Sticker oder sonstige kleine Geschenke. Wir bewahren diese „Belohnungen" gerne in einer **Schatzkiste** auf, deren Inhalt sich ständig ändert. Ganz praktisch befüllen wir sie neben eingepackten Süßigkeiten gerne mit kleinen Werbegeschenken (Aufklebern, Sammelfiguren aus dem Supermarkt, Werbegeschenken bei Messen usw.). Gerade jüngere Schüler*innen lieben die Schatzkiste, aber auch ältere Schüler*innen freuen sich noch darüber, wenn sie etwas aus der Schatzkiste bekommen.

Zuwendung

Alle Menschen wollen wahrgenommen und beachtet werden. Dies entspricht dem **Grundbedürfnis nach Bindung und Zugehörigkeit**. Deshalb ist Zuwendung ein **stark wirkender Verstärker**. Er kostet kein Geld, dafür aber die Zeit der Lehrkraft. Wird dieser Verstärker gewählt, sollten Sie diese Zeit gerne investieren. In Klassen, in denen mehrere Kolleg*innen bereit sind, Zeit zu investieren, kann man sich die Zeitzuwendung auch aufteilen. Zeit mit der Lehrperson zu verbringen, wird oft selbst dann als „Belohnung" empfunden, wenn diese Zeit mit „Arbeit" gefüllt ist (z. B. Klassenraum aufräumen, Tische putzen, Farben im Kunstraum sortieren o. Ä.). Deshalb ist gelegentlich sogar das eigentlich als Strafe gedachte „Mit-dem*der-Hausmeister*in-den-Müll-auf-dem-Schulhof-Einsammeln" eine willkommene Beschäftigung, weil der*die Schüler*in dabei individuelle Zuwendung bekommt.
Hier einige Beispiele für Zuwendung: mit der Lehrkraft die Mittagspause verbringen, gemeinsam Aufräumarbeiten erledigen, eine spezielle Aufgabe für die Lehrkraft ausführen, gemeinsam ein Sport-/Spiel-/Kunstangebot wahrnehmen. Hier sind der Fantasie keine Grenzen gesetzt und jede Lehrperson kennt die eigenen Schüler*innen am besten.

Vergünstigung

Ein gut wirkender Verstärker ist auch **die Vergabe von Privilegien**, die sich Schüler*innen durch regelkonformes Verhalten erarbeiten können. Dies kann von sehr kleinen Privilegien (als Erste*r in die Pause gehen dürfen) bis hin zu großen Privilegien (außerhalb des Klassenzimmers arbeiten dürfen) reichen. Am besten ist es, wenn die Vergünstigung in irgendeinem **Zusammenhang mit dem gezeigten gewünschten Verhalten** steht. Welche Vergünstigung gewählt wird, hängt immer auch von den Gegebenheiten der Schule sowie vom Alter der Schüler*innen ab. So gibt es an manchen Schulen keine Möglichkeit, außerhalb des Klassenzimmers zu arbeiten, sodass dieses Privileg eventuell schwierig zu realisieren ist.

Belohnung durch Gutscheine

Gutscheine sind ebenfalls eine gute Möglichkeit, regelkonformes Verhalten anzuerkennen. **Gutscheinmöglichkeiten sind**: Hausaufgabengutschein, Material-vergessen-Gutschein, Zu-spät-komm-Gutschein, Früher-in-die-Pause-gehen-Gutschein o. Ä. Auch hier können Sie selbst entscheiden, für welche Dinge im Rahmen Ihrer Klassengegebenheiten ein Gutschein denkbar wäre. Wie die genaue Anwendung funktioniert und wie ggf. die unterschiedlichen Verstärkerarten zu kombinieren sind, beschreiben wir in Kapitel 5 (siehe S. 81).

4.
P = Pädagogisch konsequent handeln

Im vorherigen Kapitel haben wir aufgezeigt, dass sich viele Schüler*innen **über Wahrnehmung, Verstärkung oder Belohnung** gut zu einem regelkonformen, leisen Verhalten **motivieren lassen**. Dennoch kommt vielen Menschen, auch Lehrkräften, als erster Lösungsweg bei unerwünschtem Verhalten die Bestrafung in den Sinn. Dabei wissen wir aus vielen Studien, dass Strafen nur dann wirken, **wenn sie wirklich viel kosten**. Das kann man z. B. im Straßenverkehr gut sehen. Während in der Schweiz nur sehr wenige die Geschwindigkeitsbegrenzungen überschreiten – denn jede*r weiß, dass nur geringe Übertretungen bereits einige Hundert Schweizer Franken kosten – sehen viele Autofahrer*innen in Deutschland eine Geschwindigkeitsübertretung (bisher) eher als Kavaliersdelikt an, denn 30 € können viele sich locker leisten. Nun gibt es aber im pädagogischen Bereich wenige Strafen, die die Schüler*innen viel kosten – im Gegenteil sind manche Schüler*innen sogar froh, wenn sie nachsitzen müssen, weil dann wenigstens jemand da ist, der sich um sie kümmert. Darüber hinaus arbeitet die Strafe mit „der Angst vor…", was ja im pädagogischen Bereich für das gelingende Lernen und für die Lehrkraft-Schüler*innen-Beziehung wenig hilfreich ist. Da die allermeisten Lehrkräfte eine gute Beziehung zu ihren Schüler*innen aufbauen möchten, empfinden sie **Strafen** als eine Methode, die **ihrem eigenen Wertesystem zuwiderläuft** und so **ihre intentionale und emotional-moralische Präsenz** schwächt. Sie geraten in eskalierende Machtkämpfe mit einzelnen Schüler*innen oder einer ganzen Klasse, die dann auch die übrigen Präsenzdimensionen und schließlich die Autorität der Lehrperson insgesamt schwächen. Strafen führen auch nur selten zur Einsicht, dass das Verhalten sich ändern sollte, sondern im Gegenteil oft zu **vermehrtem Widerstand und Rachegefühlen** auf der Seite der Schüler*innen. Denn die Strafe ist **häufig ohne Bezug zum Regelbruch** und wird daher **als „unfair" empfunden**. Strafen auf der Ebene der **Ordnungsmaßnahmen** sollten daher nur **als allerletzte Möglichkeit, als Ultima Ratio**, gesehen werden (siehe dazu auch Kapitel 4 „Strafen als Ultima Ratio", S. 79).

Daher wollen wir in diesem Kapitel zunächst ausführlich **die Möglichkeiten des pädagogisch konsequenten Handelns unterhalb der Strafe** darstellen. Die folgenden Möglichkeiten stellen gleichzeitig unterschiedlich starke Interventionen dar. Sie reichen von **sehr sanft bis sehr stark**. Auch innerhalb der einzelnen Möglichkeiten sind noch einmal unterschiedlich starke Eingriffe beschrieben. Wir stellen uns das gerne **wie eine Treppe** vor, bei der es sinnvoll ist, mit der untersten zu beginnen und sich, falls nötig, hochzuarbeiten. Dabei erkennt man häufig, dass Strafen z. B. gar nicht notwendig sind, weil auch andere Maßnahmen funktionieren.

Die beiden nachfolgenden Strategien „den Blitzer aufbauen" und „deeskalierend reagieren" zielen im Wesentlichen auf einzelne Schüler*innen, wirken aber in die ganze Lerngruppe hinein. Sie sind zu empfehlen, wenn die Klasse im Prinzip kooperativ und fähig zur Regeleinhaltung ist. Die Strategie „logische Folgen aufzeigen" lässt sich am besten im Rahmen eines gezielten Trainingsprogramms für die ganze Klasse nutzen, soll aber hier schon als Prinzip beschrieben werden, damit wir in Kapitel 5 darauf zurückgreifen können.

Den Blitzer aufbauen

Angelehnt an den Straßenverkehr, ist die erste Stufe des pädagogisch konsequenten Handelns das **Signal an die Schüler*innen**, dass Sie als Lehrkraft alles, was im Klassenzimmer geschieht, wahrnehmen – auch dann, wenn Sie vielleicht nicht direkt hinschauen. Wie beim Blitzer kann sich niemand sicher sein, ob der „unsichtbar aufgestellte Blitzer" nicht vielleicht doch „ein Bild macht". Sie können dies über verschiedene Arten des Lehrerhandelns vermitteln (siehe Abbildung unten), die wir jeweils kurz erklären. Bei allen Techniken agieren Sie als Lehrperson so, dass **die Regelübertretung nicht explizit verbal angesprochen** wird.

Arten des Lehrerhandelns zum „Blitzeraufbau"

➡ Präsenz und Körpersprache
➡ Blickkontakt
➡ Nähe herstellen
➡ Erinnerer (nonverbal)
➡ Unterbrecher

Präsenz und Körpersprache

Über Körpersprache und nonverbale Signale sowie Präsenz haben wir schon in Kapitel 2 (siehe „Das eigene Handeln reflektieren", S. 20) gesprochen. Geschieht eine Regelübertretung, die nicht hingenommen werden kann, sollten Sie Ihre Präsenz erhöhen und mit Ihrem Körper sagen: *„Ich bin da. Ich bleibe da, auch wenn es schwierig wird!*[6] *Ich nehme wahr, auch wenn ich nicht hinschaue. Ich möchte, dass ihr konzentriert arbeitet und euch an die Regeln haltet."* Die **Tipps und Hinweise**, die wir oben gegeben haben, können auch in diesem Zusammenhang angewendet werden. Grundsätzlich sollte **Präsenz dabei nicht als Drohgebärde** gedacht werden, sondern in der Haltung sollte **eine wertschätzende Zugewandtheit** zum Ausdruck kommen. **Also nicht:** *„Du wirst schon sehen, was du davon hast!"*, **sondern:** *„Ich bin da und ich möchte euch unterstützen, euch an die Regeln zu halten – damit alle hier guten Unterricht bekommen und Beachtung finden!"*

Blickkontakt

Erfahrungsgemäß erkennen Sie als Lehrkraft schnell, welche Schüler*innen eher in der Gefahr stehen, sich nicht an die Regeln zu halten. Zu diesen halten Sie **öfter und länger Blickkontakt** und signalisieren so, dass Sie „alles im Blick" haben. Ein Stirnrunzeln oder ein besonderer Blick bei einer Regelverletzung zeigt dem*der Schüler*in, dass Sie das Verhalten gesehen haben, aber vorerst vom „Reagieren" (siehe dazu auch Kapitel 4 „Deeskalierend reagieren" S. 72) absehen, sofern das Verhalten sofort eingestellt wird. Dies funktioniert umso besser, je besser auch die Beziehung zum*zur Schüler*in ist. Auch sollte die **beziehungsstärkende Dimension** (*„Ich bin mit dir in Kontakt."*) im Vordergrund stehen.

> **TIPP**
> Sie sollten auch immer wieder – ggf. bestätigenden – Blickkontakt zu „unauffälligen" Schüler*innen aufnehmen, damit diese nicht das Gefühl haben, dass Beachtung und Beziehungsaufnahme nur geschehen, wenn man Regeln nicht einhält.

---

[6] Lemme und Körner 2019, S. 44

Nähe herstellen

Die **Bewegung im Klassenraum** ist eine weitere Möglichkeit, den „Blitzer aufzubauen" und ggf. näher an diejenigen Schüler*innen heranzurücken, die in der Gefahr stehen, die Regel zu übertreten. Sehen Sie z. B., dass Berat und Seline in der vorletzten Reihe miteinander reden und dadurch Unruhe auslösen, **stellen Sie sich näher zu ihnen** und signalisieren so, dass Sie nah dran sind und ggf. schnell eingreifen werden, indem Sie die nächste Treppenstufe hinaufsteigen und den Erinnerer nutzen.

Erinnerer (nonverbal)

„Den Blitzer aufbauen" hat immer zum Ziel, dass **der Unterricht nicht unterbrochen** wird. Sie sind präsent und signalisieren ohne Worte, dass Sie „alles" sehen und dass Sie „noch nicht" eingreifen, weil Sie davon ausgehen, dass der*die Schüler*in durch eine kleine Erinnerung **zum leisen, regelkonformen Verhalten zurückkehren** wird. Ganz praktisch geschieht dies durch eine Erinnerung, die der*die Schüler*in von Ihnen bekommt, indem Sie z. B. kurz auf die **visualisierte Regel** deuten oder ein **vorher vereinbartes, visuelles Zeichen** (Symbol/Regelblatt o. Ä.) vor den*die Schüler*in legen bzw. für die ganze Klasse an die Tafel heften. Dazu erfolgt keine Kommentierung oder Problematisierung in Bezug auf den*die Schüler*in oder die Klasse, damit der Unterricht im Fluss bleiben kann.

Unterbrecher

Der Unterbrecher arbeitet damit, dass die Schüler*innen, die sich gerade nicht an die Regeln halten, durch eine Frage oder die Aufforderung, etwas zu tun, im „störenden" Verhalten unterbrochen werden. Die **Frage oder Aufforderung** bezieht sich dabei gerade **nicht** auf das Verhalten des Schülers bzw. der Schülerin, sondern auf den Unterrichtsgegenstand. **Hinweis:** Diese Methode sollte aber nicht zur Bloßstellung des Schülers bzw. der Schülerin verwendet werden, indem Sie einen moralisierenden Satz, wie etwa *„Wenn du nicht quatschen würdest, könntest du auch die Fragen beantworten.",* hinterherschicken. Meistens ist das Aufgerufenwerden und die Antwort ggf. nicht zu wissen, schon Hinweis genug, was Sie möchten. **Die Unterbrechung des gerade gezeigten Verhaltens** ist ausreichend, um **das gewünschte Verhalten** zu erreichen.

Gelegentlich antwortet der*die Schüler*in auch mit dem Satz: *"Ich habe mich doch gar nicht gemeldet."* Dann sollten Sie nicht auf die Diskussionseinladung (siehe dazu auch Kapitel 6 „Stolpersteine und Fallen", S. 133) eingehen, sondern nur erwidern: *"Ich nehme dich trotzdem dran."* – und einfach die Frage wiederholen. Damit signalisieren Sie gleichzeitig allen Schüler*innen, dass sie jederzeit gefragt werden können und still und aufmerksam sein sollten.

Deeskalierend reagieren

Deeskalierendes Reagieren bedeutet, dass Sie als Lehrperson das **Lautsein durchaus thematisieren**, allerdings so, dass weder Konsequenzen folgen noch Strafen verhängt werden oder damit gedroht wird. Die **Reaktion auf die Regelverletzung** zeigt dem*der Schüler*in, dass er*sie mit diesem Verhalten nicht unbemerkt durchkommt. Sie konfrontieren den*die Schüler*in dabei **indirekt** (niedrige Eskalationsstufe) oder ggf. auch **direkt** (höhere Eskalationsstufe) mit seinem*ihrem Verhalten. Die Strategien von schwach nach stark in der Eskalation zeigt die folgende Abbildung.

> **Möglichkeiten des deeskalierenden Reagierens**
>
> ➡ Ansprechen: *"Was tust du gerade?"*
> ➡ Erinnern
> ➡ *"Das kannst du besser!"*
> ➡ Humor
> ➡ Ich-Mitteilung
> ➡ Vertagen

Ansprechen: „Was tust du gerade?"

Eine sehr einfache und wenig eskalierende Möglichkeit, zu reagieren, besteht darin, dem*der Schüler*in die Frage: *„Was tust du gerade?"* zu stellen. Die Frage wirkt wie **ein „Musterverwirrer"**, wodurch **das störende Tun zunächst einmal unterbrochen** wird. Durch die Frage wird **die Aufmerksamkeit des Schülers bzw. der Schülerin auf sein*ihr eigenes Verhalten** gelenkt, ohne dass Sie eine Maßregelung oder Drohung aussprechen müssen. Der*die Schüler*in bekommt den Hinweis, auf sich selbst zu achten und wieder stärker **seine*ihre Selbststeuerungsfähigkeiten** anzuwenden. Das Verhalten wird eingestellt und es braucht keine weiteren Worte. Danach können Sie **umgehend wieder zum Unterricht zurückkehren**.

Häufig antwortet der*die Schüler*in auf die Frage mit der gerade durch die Lehrperson beobachteten Verhaltensweise, z.B. *„Ich rede mit Ayla."* oder: *„Ich klopfe mit dem Lineal auf den Tisch."* Folgt ein verbales oder nonverbales *„Okay. Ich höre auf."* können Sie es dabei belassen, da der*die Schüler*in die störende Verhaltensweise einstellt. Eine mögliche Weiterführung, wenn der*die Schüler*in kein Signal zum Aufhören gibt, könnte darin bestehen, dass Sie fragen: *„Und – ist das okay, was du gerade machst?"* Schüler*in antwortet: *„Nein."* Sie: *„Kannst du aufhören?"* Schüler*in: *„Ja, okay."*

Es kann aber auch sein, dass der*die Schüler*in antwortet: *„Nichts."* Das kann nun eine Abwehrstrategie sein, so wie man es auch als Diskussionseinladung (siehe dazu auch Kapitel 6 „Stolpersteine und Fallen", S. 133) kennt, oder der*die Schüler*in hat tatsächlich nicht wahrgenommen, was er*sie gerade tut. Dann sollten Sie **das beobachtete Verhalten beschreibend benennen** (*„Du redest mit Ayla.", „Du klopfst mit dem Lineal auf den Tisch."*). Das ist normalerweise ausreichend. Sollte mehr nötig sein, können Sie mit der nächsten Stufe, dem Erinnern, weitermachen.

Erinnern

Erinnern bedeutet, den*die Schüler*in **gezielt an die geltende Regel zu erinnern**. Dazu können Sie den*die Schüler*in fragen, wie die Regel heißt (*„Wie heißt unsere Regel im Unterricht?"*) oder sie selbst nennen (*„Unsere Regel heißt: Ich rede nur, wenn ich dran bin. Du bist gerade nicht dran."*) Mit dieser Erinnerung hat der*die Schüler*in noch einmal **eine klare Verhaltensrichtlinie** bekommen, ohne dass Sie moralisieren oder drohen müssten. Voraussetzung ist allerdings, dass es eine Regel gibt, an die erinnert werden kann, die am besten auch noch **im Raum visualisiert** ist. Zur Formulierung einer wirksamen Regel siehe Kapitel 5 „Schritt 1: Trainingsregel formulieren", S. 85. Darüber hinaus ist es wichtig, die Stimme so zu kontrollieren, dass die Frage wertschätzend und unterstützend klingt. Dies gelingt umso besser, je klarer Sie sich selbst über ihre Werte und Haltungen sind.

"Das kannst du besser!"

Die *"Das kannst du besser!"*-Strategie geht einerseits davon aus, dass Sie dem*der Schüler*in zutrauen, dass er*sie das gewünschte Verhalten zeigen kann (zugrunde liegende pädagogische Regel: Behandle jede*n Schüler*in so, als wenn er*sie das gewünschte Verhalten schon zeigen würde.), und nutzt andererseits, dass viele Schüler*innen gerne **einen Wettbewerb oder ein Spiel** gewinnen wollen. Ganz konkret sagen Sie dann z. B. dem*der Schüler*in mit dem klopfenden Lineal: *"Ich weiß, dass du deine Hände stillhalten kannst. Ich bin gespannt, ob du das heute auch bis zum Ende der Stunde schaffst."*

Wichtig ist, dass Sie dann auch wahrnehmen, wenn der*die Schüler*in dies tatsächlich geschafft hat, und je nach Alter und Person entsprechend eine positive Rückmeldung geben, die signalisiert: *"Ich habe gesehen, was du geleistet hast."*

Humor

Auf eine Regelübertretung oder ein störendes Verhalten können Sie auch mit Humor reagieren. Sie können einen **Witz** dazu machen oder einen **Kommentar** (*"Aus dir würde ein guter Schlagzeuger werden. Leider haben wir jetzt Englisch."*) oder **absichtlich etwas falsch verstehen** (*"Schön, dass du dich mit deinem Lineal so nachhaltig zu Wort meldest. Was möchtest du beitragen?"*).
Achtung: Schüler*innen verstehen bis in die Pubertät hinein häufig keine Ironie. Damit sollten Sie also immer aufpassen. Auf jeden Fall tabu sind Späße, die Schüler*innen bloßstellen. Humor sollte überhaupt nur dann verwendet werden, wenn die Beziehung zur Klasse und zum*zur betreffenden Schüler*in gut und belastbar ist.

Ich-Mitteilung

Eine deutlichere und damit auch auf einer höheren Eskalationsstufe liegende Reaktion ist **die klare, aber immer wertschätzende Ich-Mitteilung** (siehe dazu auch Kapitel 2 „Erwartungen äußern", S. 42). Ohne ins Detail gehen zu können, sei hier auf die **theoretischen Grundlagen** zur **konfrontierenden Ich-Botschaft** von Thomas Gordon oder zur **gewaltfreien Kommunikation** nach Marshall Rosenberg verwiesen.[7] Beide (und mit ihnen auch viele andere Autor*innen) gehen davon aus, dass es gerade **in eskalierenden Situationen** wichtig ist, so gut es geht die **Kooperation des Gegenübers** zu gewinnen. Nur dann wird es ein weiteres gutes Miteinander geben und niemand verliert sein Gesicht. Uns scheint es unabdingbar, zweierlei im Blick zu behalten: **die klare und wertschätzende Ich-Mitteilung** muss einerseits klar benennen, was gerade in Ihrem Inneren vor sich geht, und andererseits immer wertschätzend im Ton und in der Wortwahl bleiben. Das bedeutet, nicht zu schreien, nicht zu beschimpfen und nicht die Person anzugreifen. Die klare, wertschätzende Ich-Mitteilung benennt das Beobachtete klar und deutlich, eskaliert die Situation aber nicht durch Be- oder Abwertung oder Bedrohung des Gesprächspartners bzw. der Gesprächspartnerin. Ich-Mitteilung bedeutet hier, dass der*die Sprechende von dem spricht, was er*sie selbst auf **verschiedenen Ebenen** wahrnimmt: das für sich inakzeptable Verhalten des Schülers bzw. der Schülerin und die Auswirkungen auf den*die Sprechende*n, also auf Sie selbst. Anschließend kann noch die Erwartung an den*die Schüler*in formuliert werden.

Wie funktioniert das konkret? Dazu eine kleine Hilfestellung zur Formulierung:

Teil 1 der klaren, wertschätzenden Ich-Mitteilung: nicht wertende und nicht interpretierende Beschreibung des wahrgenommenen Verhaltens

Nicht wertende, nicht interpretierende Beschreibung bedeutet, nur das in Worte zu fassen, was Sie sehen und hören, nicht aber das zu formulieren, was die eigene Interpretation oder Bewertung darstellt. Was damit gemeint ist, haben wir bereits in Kapitel 1 „Lautstärkequellen identifizieren und lautes Verhalten beschreiben" (S. 12) und in Kapitel 2 „Erwartungen äußern" (S. 42) erläutert.

Beispiel: *„Ich sehe, du redest mit Ayla, während ich die Aufgabe erkläre."*

---

[7] *Weiterführende Angaben zu den genannten Arbeiten finden Sie im Literaturverzeichnis auf S. 160.*

Teil 2 der klaren, wertschätzenden Ich-Mitteilung: Beschreibung der Auswirkungen des wahrgenommenen Verhaltens auf die Lehrkraft und ggf. auf die Umgebung

Auswirkungen eines (störenden) Verhaltens sind auf der emotionalen Ebene (Verletzung, Wut, Empörung, Sorge, Angst usw.) bei jedem Menschen vorhanden (sonst würden wir gar nicht merken, dass uns etwas stört). Sie entstehen, weil das wahrgenommene Verhalten die eigenen Bedürfnisse beeinträchtigt oder die Erfüllung der übernommenen Aufgaben bzw. Pflichten behindert oder nicht mit den eigenen Werten übereinstimmt. Indem Sie die eigenen Emotionen und Bedürfnisse oder Pflichten darlegen oder beschreiben, welche konkreten Folgen für Sie selbst aus dem Verhalten der anderen Person entstehen, ermöglichen Sie dem*der Schüler*in, einerseits (mehr) Empathiefähigkeit zu entwickeln und andererseits die Auswirkungen des eigenen Verhaltens wahrzunehmen. Hier ist es wichtig, dass Sie einen guten Zugang zu den eigenen Emotionen haben, diese gut regulieren können (siehe internale Präsenz S. 24) und sie präzise und angemessen in Worte fassen.

Beispiel: *„Ich merke, dass ich durcheinanderkomme und mit meiner Erklärung von vorn beginnen muss."*

Achtung: An dieser Stelle formulieren manche Lehrkräfte gerne das Gefühl der Enttäuschung (*„Ich bin enttäuscht, dass du dazwischenredest."*). Enttäuschung ist ein sehr starkes und ein sehr „moralisches" Gefühl, mit dem man dem*der Schüler*in leicht die „Schuld" dafür zuweist, dass es der Lehrkraft nun „schlecht" geht. Hier ist es besser, die ganz konkreten Folgen für sich selbst zu benennen (*„Ich komme durcheinander…"*), statt die mögliche Enttäuschung in den Mittelpunkt zu stellen.

Es gibt immer wieder Schüler*innen, die mit der Störung oder dem nicht regelkonformen Verhalten schon nach Teil 2 einer Ich-Mitteilung einfach aufhören, weil sie merken, welche Auswirkungen es auf die (gemochte) Lehrkraft hat. (*„Okay, dann lasse ich das."*)

Teil 3 der klaren, wertschätzenden Ich-Mitteilung: ggf. das gewünschte Verhalten beschreiben

Die Nennung des gewünschten Verhaltens hilft dem*der Schüler*in, das unangemessene Verhalten in angemessenes zu verwandeln. Denn nicht jede*r Schüler*in weiß, welches Verhalten in der entsprechenden Situation angemessen wäre (auch wenn man das als Lehrkraft häufig denkt). So bekommt der*die Schüler*in noch einmal einen Hinweis, was jetzt zu tun ist. Wie auch schon oben erwähnt, sollte hier positiv formuliert werden, sodass vor dem geistigen Auge des*der Zuhörenden ein sehr konkretes Verhaltensbild entsteht.

Beispiel: *„Ich möchte, dass dein Mund jetzt zu ist und du zu mir schaust."*

Die vollständige Ich-Mitteilung könnte also lauten:
„Friederike, ich sehe, du redest mit Ayla, während ich die Aufgabe erkläre. Ich merke, dass ich durcheinanderkomme und mit meiner Erklärung von vorn beginnen muss. Ich möchte, dass dein Mund jetzt zu ist und du zu mir schaust."

Vertagen

Das Vertagen eignet sich dann, wenn ein*e Schüler*in häufiger die gleiche Regel übertritt und bisher die niedrigeren Eskalationsstufen nicht zum Ziel geführt haben. Dann sind meist **viele Emotionen im Spiel**, die möglicherweise zu unangemessenen Worten oder nicht angemessenem Handeln verleiten könnten. Manchmal ist auch einfach nicht genügend Zeit, weil der Unterricht im Moment Vorrang hat, oder Sie möchten dem Dialog mit dem*der Schüler*in keine Bühne vor der ganzen Klasse liefern. Dann sollten Sie das **Ansprechen des Verhaltens** auf einen **späteren Zeitpunkt** vertagen. Das bedeutet, dass Sie dem*der Schüler*in einen Zeitpunkt nennen, zu dem Sie mit ihm*ihr über das störende Verhalten oder die Regelübertretung sprechen werden. So können Sie selbst **Abstand gewinnen**, die eigenen **Emotionen sortieren** und sich ggf. auf das Gespräch so vorbereiten, dass die **Wahrscheinlichkeit für eine weitere Eskalation verringert** wird. Auch der*die Schüler*in hat noch einmal Zeit, nachzudenken.

Hilfreich ist es, für sich in ruhigen Zeiten **einen „Vertagungssatz" zu formulieren**, den man quasi immer „in der Schultasche dabeihat". Für viele Lehrkräfte ist es ein hilfreiches Bild, sich vorzustellen, dass sie alle wichtigen Dinge in der Schultasche mit sich tragen. Dort gibt es – gedacht – auch ein Fach mit „Notfallsätzen", die Sie dann hervorholen können, wenn Ihnen nichts anderes mehr einfällt oder Sie gerade keine Idee für andere Mittel haben.

Ein Vertagungssatz könnte in diesem Fall lauten:
„Ich sehe, dass du erneut mit Ayla redest, und du kennst die Regel. Ich komme darauf zurück und sage dir nach der Stunde, wann wir darüber sprechen werden."

Findet das Gespräch dann statt, ist darauf zu achten, dass es sich hier nicht um ein „Strafgespräch" handelt, sondern darum, **ein Beziehungsangebot** zu machen. Das Ziel könnte darin bestehen, herauszufinden, **welches Bedürfnis** oder **welcher gute Grund** hinter dem Verhalten steht, und mit dem*der Schüler*in gemeinsam zu überlegen, wie er*sie diesem Bedürfnis oder dem guten Grund auch ohne Regelübertretung folgen bzw. begegnen kann.

Logische Folgen aufzeigen

Wir haben bisher über sanfte Interventionen bei „lautem" und damit den Unterricht störendem Verhalten gesprochen. Bei vielen Schüler*innen reicht dies aus, um deren **Selbststeuerungs- und Regeleinhaltungsfähigkeiten** zu aktivieren, sodass der Unterricht ungestört weitergehen kann, was ja das **Hauptziel der Intervention** ist. Ist so keine Aktivierung der Selbststeuerung zu erzielen, können Sie über **das Lernen aus logischen Folgen** nachdenken. Eine logische Folge ist ein Geschehen, das **mehr oder weniger automatisch** aus dem Handeln einer Person folgt. Legt man seine Hand auf die heiße Herdplatte, so wird man sich verbrennen. Fährt man über eine rote Ampel und wird geblitzt, hat man ein Bußgeld und Punkte zu erwarten. Kommt man zu spät zum Essen, gibt es möglicherweise nichts mehr. **In der Erziehung** ist das Lernen aus logischen Konsequenzen **oft sehr wirksam**, weil ein Kind schnell spürt, dass bestimmte Entscheidungen auch Folgen haben.

In der Schule ist das nun nicht ganz so einfach. Dennoch ist es eine Überlegung wert, ob nicht logische Folgen auch in der Schule einen **größeren Lernerfolg** erzielen und von den Schüler*innen **besser akzeptiert** würden als Strafen, die häufig eben nichts mit der eigentlichen Regelübertretung zu tun haben. Wenn ein*e Schüler*in immer wieder Kommentare durch das Klassenzimmer ruft und deshalb nachsitzen muss, hat das nichts mit dem eigentlichen Regelbruch zu tun und es führt auch nicht dazu, dass der Unterricht ungestört weitergehen kann. Die Strafe, hier das Nachsitzen, zielt auf Abschreckung bzw. auf den Wunsch, etwas Unangenehmes zu vermeiden, während die logische Folge im Bereich der Schule **einen inneren Zusammenhang mit dem Regelbruch** hat und dessen **störende Auswirkungen** auf die Gruppe verringern oder beenden soll.

Was wären nun logische Folgen bei lautem Verhalten? Dazu müssen Sie überlegen, warum das „laute" Verhalten überhaupt unangemessen ist. In der Regel lautet die Antwort: Es stört **Lernen und Konzentration** der Mitschüler*innen, es verhindert, dass Sie Ihrem Auftrag (guten Unterricht erteilen) nachkommen, es beeinträchtigt in schwereren Fällen die Gesundheit aller Beteiligten. Die logische Folge für jemanden, der immer wieder lautes Verhalten zeigt, wenn es nicht angemessen ist, bestünde also darin, dass er*sie **das Unterrichtsgeschehen verlassen** muss. Manche Schulen entscheiden sich deshalb für einen Trainingsraum oder ein Auszeitkonzept (siehe Kapitel 5 „Schritt 3: Logische Folge festlegen", S. 90).

Damit das Lernen aus der logischen Folge im schulischen Bereich greifen kann, ist es sinnvoll, **die Argumentationskette** mit der Klasse zu **besprechen**, diese eventuell sogar gemeinsam zu entwickeln und sie vorher anzukündigen. Am besten integrieren Sie die logische Konsequenz in das Anti-Laut-Programm, da so ein für alle Beteiligten **nachvollziehbares Lern- und Argumentationssystem** (z. B. auch im Gespräch mit den Eltern) entsteht. Wie das innerhalb des Trainingsprogramms aussehen kann, beschreiben wir in Kapitel 5.

Strafen als Ultima Ratio

„Aber brauchen wir nicht doch Strafen?", fragen viele Teilnehmer*innen unserer Fortbildungen zum Anti-Laut-Programm. Selbstverständlich gibt es die auch im schulischen Bereich. Üblicherweise werden in den Schulgesetzen **Erziehungs- und Ordnungsmaßnahmen** genannt. Letztere werden in der Regel von der Schulleitung im Anschluss an ein vorgeschriebenes Prozedere verhängt und stellen **in letzter Konsequenz** einen Verwaltungsakt dar, der auch rechtlich angefochten werden kann. Solche Ordnungsmaßnahmen – in letzter Konsequenz kurzer oder längerer Unterrichts- oder sogar Schulausschluss – sind als letztes Mittel nötig, wenn **alle anderen pädagogischen Maßnahmen** zu **keinen Fortschritten** führen oder der Schutz anderer Personen vorrangig wird. Diese letzte Möglichkeit auch noch zu haben, ist wichtig, damit die Schule ein Schutz- und manchmal auch ein letztes Mittel in der Hand hat. Damit es allerdings wirken kann, sollte es nicht wahllos oder zu früh eingesetzt werden, sondern wirklich nur dann, wenn alles andere – also alle weniger eskalierenden Interventionen – versagt hat.

Der Vorteil des Anti-Laut-Programms (das im Übrigen auch zum Training anderer Regeln angepasst werden kann) besteht darin, dass Sie zunächst immer **die eigenen pädagogischen Mittel und Möglichkeiten ausschöpfen** und **bei guter Dokumentation** der verschiedenen Interventionen dann bei der Schulleitung auch **eine gute pädagogische Argumentation** vorlegen können, sollten doch einmal Ordnungsmaßnahmen nötig sein.

5.
Das Anti-Laut-Programm Schritt für Schritt

In den Kapiteln 1 bis 4 haben wir **einige grundsätzliche Überlegungen** dargelegt, die für die Durchführung des Anti-Laut-Programms wichtig sind. Darüber hinaus haben wir Ihnen **Methoden und Strategien für kleinere Interventionen** an die Hand gegeben, die auch ohne ein ausgearbeitetes Trainingsprogramm verwendet werden können. Unsere eigene Erfahrung in der Arbeit mit lauten Schulklassen zeigt jedoch, dass **eine nachhaltige Wirkung** meist am besten durch ein **gut durchdachtes Training** erreicht wird. Das unten beschriebene Trainingsprogramm kann sowohl durch die einzelne Lehrperson in ihrem Fachunterricht angewendet als auch von den Lehrkräften einer Klasse gemeinsam entwickelt und durchgeführt werden. Je mehr Lehrkräfte einer Klasse das Programm auf gleiche Art und Weise anwenden, umso **schneller und nachhaltiger** wird der Trainingserfolg sein. Deshalb empfehlen wir für Klassen, die von vielen Lehrkräften als „laut und unkonzentriert" beschrieben werden, **eine gemeinsame Entwicklung des Trainingsplans** – ggf. mit Anpassungen an das eigene Fach.

Ziel des Trainingsprogramms ist es, **diejenigen Schüler*innen, die sich ohnehin an Regeln halten** (Typ 1), **zu stärken und zu unterstützen**. Denn diese lernwilligen und motivierten Schüler*innen geraten in lauten Klassen häufig aus dem Blick und wenden sich irgendwann demotiviert vom Lernen ab. Sie sind genervt, werden aggressiv und/oder bekommen körperliche Beschwerden, wie z. B. Kopf- oder Bauchschmerzen. Gleichzeitig will das Trainingsprogramm den **Schüler*innen, die „eigentlich lernen wollen"** (Typ 2), die es angesichts der Lautstärke und der damit verbundenen Ablenkungen aber als „anstrengend" empfinden, sich an die Regeln zu halten – wie uns schon unser Schüler aus der 6. Klasse (siehe S. 61) erklärt hat – einen Anreiz geben, sich anzustrengen. Diese Schüler*innen erfahren, dass es sich lohnt, sich anzustrengen und **Selbststeuerung und Regeleinhaltung** zu erlernen. Bleiben am Ende noch **sehr wenige Schüler*innen, die trotz Anreiz nicht leise sein können oder wollen** (Typ 3). In lauten Klassen, in denen sich ein Teil der Typ-2-Schüler*innen schon den „Lauten" angeschlossen hat, können Sie als Lehrkraft meist nicht unmittelbar unterscheiden, wer zu welcher Gruppe gehört. Daher ist es hilfreich, zunächst davon auszugehen, dass alle Schüler*innen mit lauten Verhaltensweisen die Regeln nicht einhalten können und deshalb ein Training brauchen. Durch das strukturierte Training stellt sich bald heraus, wer im Rahmen des Trainings Regeleinhaltung aufgrund von verschiedenen Einschränkungen möglicherweise nicht lernen kann oder aufgrund vielleicht anderer Einflüsse nicht will. Damit haben Sie einen gut dokumentierten Anlass, für diese Schüler*innen andere Unterstützungsmöglichkeiten auf den Weg zu bringen. Hier können Sie z. B. an ein **individuelles Trainingsprogramm mit dem*der Schulsozialarbeiter*in** oder an andere

innerhalb oder außerhalb der Schule zur Verfügung stehende **Fördermöglichkeiten** denken. Für die Lehrkraft darf dabei die treibende Kraft nicht die Überlegung sein, den*die Schüler*in „loszuwerden". Stattdessen sollte das Ziel sein, im Rahmen ihres Auftrags herauszufinden, auf welche Weise der*die Schüler*in die Kompetenzen erlernen kann, die für eine erfolgreiche Schullaufbahn in unserem Schulsystem wichtig sind.

Das Anti-Laut-Programm teilt sich, wie in der Abbildung unten dargestellt, in **unterschiedliche Phasen** auf, die wir im Folgenden detailliert beschreiben. Erstreckt sich das Training über einen längeren Zeitraum, wiederholen sich die Phasen mehrfach. Um die einzelnen Phasen und deren Schritte zu konkretisieren, erläutern wir diese im Verlauf des Kapitels exemplarisch mit Beispielen aus dem Primarbereich (Klasse 2) und dem Sekundarbereich (Klasse 6).

> **Phasen des Anti-Laut-Programms**
>
> ➡ Planung des Trainings
> ➡ Ankündigung oder Trainingsvereinbarung
> ➡ Formulierung des Trainingsplans
> ➡ Durchführung
> ➡ Rückmeldung

Planung des Trainings

Die Anwendung des im Folgenden beschriebenen Trainingsprogramms benötigt gute Vorarbeit, damit es wirken kann. Wie auch in vielen anderen Bereichen ist eine **gute Planung** die beste Voraussetzung für eine **reibungslose Durchführung** und die **Effektivität**. Auf die Planung sollte deshalb genügend Zeit verwendet werden. Die Planungsphase umfasst **sechs Schritte** (siehe Abbildung „Übersicht über die Planungsschritte des Anti-Laut-Programms" auf der nächsten Seite).

In vielen Fällen werden Sie die Planung für sich, ggf. auch gemeinsam mit Kolleg*innen, durchführen. Selbstverständlich kann der gesamte Trainingsplan auch mit den Schüler*innen gemeinsam entwickelt werden. Unserer Erfahrung nach ist das aber insbesondere in lauten und undisziplinierten Klassen schwierig, weil grundlegende Fähigkeiten für eine **gute Gesprächs-**

kultur erst noch eingeübt werden müssen. Deshalb gehen wir im Folgenden davon aus, dass Sie den Trainingsplan für Ihre Klasse entwerfen. Die Übertragung auf eine Planung mit mehreren oder allen Lehrkräften der Lerngruppe kann in der gleichen Art realisiert werden.

Es ist sinnvoll, die folgenden Schritte zunächst **in ihrer Gesamtheit** zu lesen und dann in die **individuelle Planung** einzusteigen, denn in der Realität überschneiden sich die Schritte häufig, da die Entscheidungen zu den einzelnen Schritten voneinander abhängig sind. Um jedoch das Programm wirklich gut zu durchdenken, halten wir die **Sichtbarmachung der einzelnen Schritte** für hilfreich.

Übersicht über die Planungsschritte des Anti-Laut-Programms

Schritt 1: **Trainingsregel formulieren**
Schritt 2: **Verstärker auswählen**
Schritt 3: **Logische Folge festlegen**
Schritt 4: **Ein System wählen**
Schritt 5: **Reaktionsmuster festlegen**
Schritt 6: **Sonstige Festlegungen treffen**

Um Ihnen die Planung des Anti-Laut-Programms zu verdeutlichen, wollen wir Ihnen die Umsetzung der einzelnen Schritte anhand **exemplarischer Trainingspläne für die Primar- sowie Sekundarstufe** aufzeigen. Sie finden daher im Folgenden neben unseren Erläuterungen zu den einzelnen Planungsschritten zwei **Praxisbeispiele für eine 2. Klasse und eine 6. Klasse**.

Nachdem Sie die Überlegungen zu den einzelnen Schritten gelesen haben, können Sie mit der **Planung des Trainingsprogramms für die eigene Klasse** mithilfe der **Schritt-für-Schritt-Anleitung zum Ausfüllen** im Download (📥 Planungshilfe 1) beginnen. Sie enthält noch einmal das Wichtigste und hilft, bei der Planung nichts zu vergessen. Alternativ können Sie auch die Kurzversion, die wir in Kapitel 6 (siehe S. 129) vorstellen und welche Ihnen auch als Download zur Verfügung steht (📥 Planungshilfe 6), verwenden.

Schritt 1: Trainingsregel formulieren

Um das Training durchführen zu können, benötigen Sie zuallererst eine Vorstellung davon, was denn eigentlich trainiert werden soll. Damit die Schüler*innen verstehen, welche Verhaltensweise **Gegenstand des Trainings** sein soll, muss deshalb **eine Trainingsregel** formuliert werden. Um diese gut formulieren zu können, müssen Sie zunächst entscheiden, **welches Verhalten** Sie aus den vielfältigen Verhaltensweisen, die Lautstärke produzieren, auswählen wollen, damit anschließend eine Trainingsregel formuliert werden kann. Hier können Sie auf Ihre Sammlung der Lautstärkequellen in Kapitel 1 (siehe S. 12) zurückgreifen. Hilfreich ist es, anschließend **die Verhaltensweisen zu priorisieren**.

Dazu gibt es verschiedene Möglichkeiten:
- Priorisieren nach Art und Häufigkeit
- Priorisieren nach Störintensität

Bei der Priorisierung nach **Art und Häufigkeit** sortieren Sie die beobachteten und dann beschriebenen Verhaltensweisen nach Kategorien.
In den meisten Klassen lassen sich unterscheiden:

- **Lautstärke durch verbale Äußerungen** der Schüler*innen (z. B. mit dem*der Sitznachbar*in reden, die Antwort ohne Meldung in den Unterricht rufen, Kommentare machen usw.),
- **Lautstärke durch Bewegung am Platz** (z. B. Füßescharren, den Stuhl bewegen, in der Schultasche kramen usw.)
- **Lautstärke durch Bewegung im Klassenzimmer** (z. B. aufstehen und herumgehen oder aus dem Klassenzimmer gehen usw.)
- **Lautstärke durch Geräusche mit und ohne Gegenstände** (z. B. mit dem Lineal auf den Tisch klopfen, summen, essen und trinken usw.) oder
- **Lautstärke durch Störungen von außen** (z. B. Klopfen an der Tür, Gesang aus dem Nachbarklassenzimmer usw.)

Eine beispielhafte Sammlung aus einer unserer Fortbildungen zeigte bereits die Abbildung „Exemplarische Lärmquellen-Sammlung" (siehe S. 14). Nach der Sortierung wählen Sie den Bereich mit der größten Häufigkeit aus und formulieren dazu eine Trainingsregel.

Im zweiten Fall, der **Priorisierung nach Störintensität**, priorisieren Sie die Verhaltensweisen danach, wie stark sie Sie beim Unterrichten stören. Das lässt sich gut mit der **Korbmethode**, angelehnt an die 3+1-Körbe-Methode nach Lemme und Körner (vgl. 2019, S. 232), durchführen. Dazu schreiben Sie die unterschiedlichen Verhaltensweisen jeweils auf Karten und sortieren sie dann drei (imaginären) Körben (grün, gelb, rot) nach dem folgenden Schema zu:

- **grüner Korb:** Das fordert mich heraus, aber ich komme damit zurecht.
- **gelber Korb:** Das fordert mich sehr, aber wenn ich entscheiden muss, gibt es noch Störenderes.
- **roter Korb:** Diese Verhaltensweisen sind für mich unerträglich.

Im roten Korb sollten am Ende maximal zwei Verhaltensweisen zu finden sein, von denen Sie dann zunächst eine auswählen und als Trainingsregel formulieren. Diese Art der Priorisierung nach Störintensität kann auch mit den nach Art zusammengefassten Oberbegriffen (siehe S. 85) durchgeführt werden. Dann sollte nur eine übergeordnete Kategorie im roten Korb landen.

In unserer Arbeit mit Schulklassen hat sich gezeigt, dass **beide Methoden der Priorisierung** häufig zu demselben Ergebnis führen, nämlich dass **verbale Äußerungen der Schüler*innen** sowohl am **häufigsten** vorkommen als auch als am **störendsten** empfunden werden, da sie die Lautstärke im Klassenzimmer maßgeblich erhöhen.

> **TIPP**
> Gerade bei den verbalen lauten Verhaltensweisen besteht oft die Gefahr, sich zu sehr auf **die Inhalte der Schüleräußerungen** zu konzentrieren. Letztendlich ist es aber **für die Lautstärke im Klassenzimmer** zunächst einmal **unerheblich**, ob jemand eine Antwort ins Klassenzimmer ruft oder einen wie auch immer gearteten Kommentar macht. Selbstverständlich werden insbesondere **abwertende Kommentare** als „besonders störend" empfunden. Es ist jedoch einfacher, mit Schüler*innen zu trainieren, dass sie nur sprechen, wenn sie dazu die Erlaubnis haben, als sich in (unterrichtverhindernde) Diskussionen zu verwickeln, ob ein Kommentar nun abwertend war oder nicht.

Haben Sie als Lehrperson festgelegt, welche Verhaltensweise der **Trainingsgegenstand** sein soll, formulieren Sie eine dazu passende Regel, die möglichst den **vier Kriterien einer wirksamen Regelformulierung** entspricht:

Vier Kriterien einer wirksamen Regelformulierung

➡ Ich-Formulierung
➡ beobachtbares Verhalten
➡ positiv formuliert
➡ kurz

Eine wirksame Regel startet mit dem Wort „Ich". Denn eine Regel, die mit „Ich" beginnt, hat den **höchsten Aufforderungscharakter**. Bei einer Wir-Regelformulierung ist der*die Einzelne zwar mitgemeint, allerdings weniger konkret. Man-Regelformulierungen sind noch unverbindlicher und suggerieren vielen Schüler*innen, dass sie damit ja nicht gemeint sein können. Darüber hinaus kann der*die Schüler*in sich **Ich-Formulierung** in seinen*ihren inneren Dialogen gut **selbst vorsprechen** und damit **sich selbst auffordern**, das in der Regel beschriebene beobachtbare Verhalten zu zeigen.

Dies ist das nächste Kriterium für eine gute Regel: **die Formulierung des gewünschten, beobachtbaren Verhaltens**. Die Frage der Lehrkraft an sich selbst lautet: *„Welches Verhalten möchte ich sehen?"*
Nehmen wir z. B. eine Klasse, in der Sie gerne die verbalen Zwischenrufe in den Griff bekommen möchten. Was möchten Sie sehen, wenn die Schüler*innen gelernt haben, sich an die Trainingsregel zu halten? Sie möchten sehen, dass Schüler*innen, die etwas sagen möchten, sich melden und nur reden, wenn sie dazu aufgefordert wurden.

Damit haben Sie auch schon das dritte Kriterium, **eine positive Formulierung** zu verwenden, erfüllt. Eine positive Formulierung ist hilfreich, weil sich die Schüler*innen ein **ganz konkretes Bild des gewünschten Verhaltens** vorstellen können. Eine Nicht-Formulierung ruft zwar auch ein Bild hervor, aber genau das Bild des Verhaltens, das nicht gewünscht ist. **Gehirnforscher*innen** haben inzwischen herausgefunden, dass das Gehirn **ein „nicht" nicht versteht**. Es blendet es quasi aus und produziert genau das Bild des Verhaltens, was man gerade nicht will. Das können Sie selbst ausprobieren: Welches Bild erscheint Ihnen im Kopf bei *„Ich rede nur, wenn ich dran bin!"* und welches erscheint bei *„Ich rufe nicht in die Klasse!"*?

Als viertes Kriterium ist noch darauf zu achten, dass die Regel **möglichst kurz ist** und **höchstens ein „und"** enthält. In der Primarstufe sollten Sie möglichst auch auf das „und" verzichten und lieber nacheinander zwei Regeln trainieren. In der Sekundarstufe ist ein „und" je nach Klassenstufe eher möglich.

Wie bereits zu Beginn des Kapitels erwähnt, wollen wir Ihnen im Folgenden mithilfe zweier **Praxisbeispiele für die Primar- sowie Sekundarstufe** die Erstellung exemplarischer Trainingspläne skizzieren. In den meisten Klassen liegt der größte Trainingsbedarf **im Bereich der verbalen Äußerungen**. Deshalb werden wir diesen als Beispiel für die Anwendung des Anti-Laut-Programms verwenden. Damit Sie den **Prozess der Planung** in seiner Gesamtheit nachvollziehen können, bauen wir die Praxisbeispiele im Verlauf entsprechend unseren Erläuterungen Schritt-für-Schritt auf. Wir beginnen mit Schritt 1.

Praxisbeispiel Primarstufe (Klasse 2)

Schritt 1: Trainingsregel festlegen
Die Klassenlehrkraft hat als Trainingsregel formuliert:
„Ich rede nur, wenn ich dran bin!"

Praxisbeispiel Sekundarstufe (Klasse 6)

Schritt 1: Trainingsregel festlegen
Die Klassenlehrkraft hat als Trainingsregel formuliert:
„Ich melde mich, wenn ich etwas sagen will, und rede nur, wenn ich die Erlaubnis dazu habe!"

Trainingsregeln für andere Lautstärke produzierende Verhaltensweisen:
- *„Ich halte Hände und Füße still."* (Bewegung am Platz)
- *„Ich habe meine Arbeitsmaterialien zu Beginn der Stunde auf meinem Tisch."* (Geräusche mit Gegenständen/Bewegung am Platz)
- *„Ich frage um Erlaubnis, bevor ich meinen Platz verlasse."* (Bewegung im Klassenzimmer)

Schritt 2: Verstärker auswählen

Nun können Sie überlegen, was Ihre Schüler*innen motivieren würde, diese Regel einzuhalten. Die Motivation, eine Regel einzuhalten, ist höher, wenn man etwas davon hat. Das gilt besonders für Menschen, die sich schlecht intrinsisch motivieren können.

In diesem Schritt geht es zunächst darum, eine Sammlung (Brainstorming) für die konkrete Klasse zu machen. Oft haben Sie als Lehrperson ja schon Erfahrungen mit den Schüler*innen gesammelt und können abschätzen, welche Verstärker „gut ankommen" würden. Welche Sie dann später in das eigene Trainingskonzept übernehmen, wird in Schritt 4 entschieden. Schon in Kapitel 3 „Verstärker nutzen" (S. 61) haben wir eine Reihe von Verstärkern genannt, die wir hier noch einmal kurz zusammenfassen wollen.
Verstärker können sein: Wahrnehmung oder Benennen des Verhaltens, Lob, Zeichen der Anerkennung, etwas sammeln (z. B. Punkte, Stempel, Sterne, Murmeln o. Ä.), direkte Verstärkung (z. B. Sticker, Süßigkeiten), Zuwendung (z. B. Zeit mit der Lehrkraft verbringen), Vergünstigungen (ein besonderes Recht, z. B. auf dem Flur arbeiten dürfen oder als Erste*r in die Pause dürfen) oder Belohnungen durch Gutscheine (z. B. ein Hausaufgabengutschein oder ein Früher-in-die-Pause-gehen-Gutschein).

An dieser Stelle überlegen sich Lehrkräfte häufig Verstärker, die der ganzen Klasse zugutekommen, wenn die ganze Klasse die Regel einhält. Im Rahmen des Anti-Laut-Programms halten wir dieses Vorgehen jedoch für weniger wirksam. **Der Verstärker sollte im Trainingsprogramm individuell wirken** und sowohl die bestärken, die sich leicht an die Regel halten können, als auch die motivieren, die sich anstrengen. **Ein Klassenverstärker** belohnt entweder die mit, die die Regel nicht einhalten können oder wollen, oder die Klasse erhält den Verstärker erst gar nicht, da es weiterhin Schüler*innen gibt, die die Erreichung des Ziels verhindern. In letzterem Fall leistet die Lehrperson unter Umständen einer Mobbingdynamik in der Klasse Vorschub, die in lauten Klassen unserer Erfahrung nach nicht selten unterschwellig schon vorhanden ist.

Nach dem Brainstorming können Sie ein oder zwei geeignet erscheinende Verstärker auswählen. Dies können auch ruhig unterschiedlich „große" Verstärker sein, je nachdem, wie lange die Schüler*innen sich dann dafür anstrengen. Die Teilnahme an einem Ausflug etwa sollte mit mehr Anstrengung verbunden sein als der Erhalt eines Stickers. Je nach Klassenstufe und „Lautstärke" der Klasse können auch kleine Verstärker mit großen kombiniert werden, z. B. durch Sammlung von kleinen kann der große erreicht werden. Dazu Näheres in Schritt 4: „Ein System wählen".

Eine andere Möglichkeit besteht darin, die „kleinen Verstärker" für die ersten (kurzen) Zeiträume einzusetzen und die größeren für später im Gedächtnis zu behalten, wenn das Training über längere Zeiträume weitergeführt werden soll (siehe dazu auch Schritt 6: „Sonstige Festlegungen treffen", S. 110).

Praxisbeispiel Primarstufe (Klasse 2)

Schritt 1: Trainingsregel festlegen
Die Klassenlehrkraft hat als Trainingsregel formuliert:
„Ich rede nur, wenn ich dran bin!"

Schritt 2: Verstärker auswählen
Brainstorming: Sticker, kleine Süßigkeiten, eine Lesestunde mit der Lehrkraft, eine Spielestunde
Am liebsten: kleine Süßigkeiten aus der (schon vorhandenen) Schatzkiste, eine Spielstunde

Praxisbeispiel Sekundarstufe (Klasse 6)

Schritt 1: Trainingsregel festlegen
Die Klassenlehrkraft hat als Trainingsregel formuliert:
„Ich melde mich, wenn ich etwas sagen will, und rede nur, wenn ich die Erlaubnis dazu habe!"

Schritt 2: Verstärker auswählen
Brainstorming: kleine Süßigkeiten, Spielen im Sportunterricht, Schulhausübernachtung, mit der Lehrkraft die Mittagspause verbringen
Am liebsten: kleine Süßigkeiten, Spielen im Sportunterricht, evtl. Schulhausübernachtung

Schritt 3: Logische Folge festlegen

Wie oben beschrieben, wird es Schüler*innen geben, die auch durch eine Verstärkung (zunächst?) nicht zu motivieren sind, die Trainingsregel einzuhalten. Für diese Schüler*innen ist es wichtig, dass **eine Regelverletzung eine Folge** hat, deren Eintreten sie durch **ihre eigene Entscheidung** für ein bestimmtes Verhalten zu verantworten haben. Eine logische Folge zeigt den Schüler*innen auch, dass die Regel kein Papiertiger ist. Denn wenn man eine Regel einführt und dann deren Einhaltung nicht einfordert, lernen die Schüler*innen, dass Regeln höchstens auf dem Papier wichtig sind, aber nichts mit dem **realen Umgang** in der Klasse zu tun haben.

In diesem dritten Schritt sollten Sie nun entsprechend überlegen, was logisch aus der **Regelverletzung** für die Schüler*innen folgt, die sich gegen die Regeleinhaltung entscheiden. Am besten nachvollziehbar sind Folgen, die **in einem logischen Zusammenhang** mit der Regelverletzung stehen und gleichzeitig den Unterricht für die anderen sicherstellen. **Das bedeutet für unsere Beispiele:** Wer im Unterricht in die Klasse ruft (und nicht dran ist) und damit den Unterricht für die anderen stört, kann im Wiederholungsfall nicht mehr an der Unterrichtssituation teilnehmen. Diese Folge ermöglicht, dass Sie Ihre **Verantwortung für guten Unterricht** wahrnehmen und die Schüler*innen, die dies wollen, guten Unterricht bekommen.

> **HINWEIS**
> Berücksichtigen Sie bei der Festlegung einer logischen Folge immer die für Ihr Land geltenden Schulgesetze und Richtlinien sowie die individuellen schulischen Gegebenheiten.

Sowohl für die spätere **Ankündigung bzw. Trainingsvereinbarung** als auch für die konkrete Reaktionsweise ist es für die Lehrperson hilfreich, davon auszugehen, dass die Schüler*innen im Prinzip gewillt und fähig sind, die gewählte Trainingsregel einzuhalten, und dass einer Missachtung der Regel eine Entscheidung des einzelnen Schülers bzw. der einzelnen Schülerin zugrunde liegt. Damit jede*r Schüler*in eine gute Entscheidung treffen kann, muss er*sie vorab wissen, was die Folge sein wird, wenn er*sie sich gegen die Einhaltung der Regel entscheidet. Darum ist es wichtig, vorab **genau zu überlegen**, wie die **angekündigte Folge** konkret durchgeführt wird. Das Verlassen des Unterrichts z. B. sollte genau geplant werden. Es ist nicht sinnvoll, ein Verlassen des Unterrichts als logische Folge anzukündigen und später zu merken, dass dies gar nicht durchführbar ist.

Der häufigste Einwand gegen **das Verlassen des Unterrichts** ist die fehlende Aufsicht. Hierbei müssen Sie das Alter der Schüler*innen berücksichtigen. Ein*e Erstklässler*in braucht eine andere Art von Aufsicht als ein*e Schüler*in der 9. Klasse, dem*der man zutrauen kann, dass er*sie den Weg von A nach B ohne Begleitung schafft. Jede Schule hat hier **unterschiedliche Gegebenheiten**, die berücksichtigt werden müssen. Diese kennen Sie selbst am besten, weshalb wir hier eine Auswahl von Möglichkeiten geben, wie ein Verlassen des Unterrichts gestaltet werden kann. Diese haben sich in der Praxis bewährt, müssen aber selbstverständlich auf die **Umsetzbarkeit in der eigenen Schule** geprüft werden.

Trainingsraum

Am einfachsten ist es, wenn es in der Schule bereits einen Trainingsraum (in manchen Schulen auch Auszeitraum, Arizona-Raum, Nachdenkraum o. Ä. genannt) gibt, den man in den eigenen Trainingsplan einbeziehen kann. Ein Trainingsraum ist ein gesonderter Raum, in den Schüler*innen geschickt werden können, wenn sie sich nicht an die Regeln halten können oder wollen. Dieser Raum ist beaufsichtigt – und im besten Fall (gemäß **Trainingsraumkonzept**) arbeitet die Aufsicht führende Person im Trainingsraum mit dem*der Schüler*in daran, wie er*sie **das eigene Verhalten so verbessern** kann, dass der*die Schüler*in **in den Unterricht zurückkehren** kann. Nicht alle Schulen können – meist wegen Mangels an Personal – das volle Konzept umsetzen und begnügen sich mit einem beaufsichtigten Raum. Oft wird dieser dann von den Lehrkräften reihum betreut, um eine Entlastung für alle Kolleg*innen zu schaffen. Jede Schule mit Trainingsraum hat dazu **unterschiedliche Regelungen** getroffen, die selbstverständlich mitberücksichtigt werden müssen. Je nachdem, wie gut der Trainingsraum eingeführt ist, ist er auch für jüngere Schüler*innen gut geeignet.

Wem ein ggf. weiter Weg zum Raum insbesondere für Grundschüler*innen zu heikel ist, sollte eine andere Möglichkeit wählen. Wer sich näher mit dem Konzept des Trainingsraums beschäftigen möchte, kann nachlesen bei Heidrun Bründel und Erika Simon.[8]

Schulsozialarbeit

An vielen Schulen gibt es inzwischen eine*n Schulsozialarbeiter*in, der*die in Absprache mit der Lehrkraft häufig bereit ist, eine*n Schüler*in zu beaufsichtigen, der*die sich entschieden hat, sich nicht an die Trainingsregel zu halten. Voraussetzung ist, dass hier vorab **eine gute Absprache** mit der Schulsozialarbeit erfolgt.

Schulleitung/Sekretariat

In manchen Schulen ist es auch möglich, **eine beaufsichtigte Ecke** im oder vor dem Sekretariat bzw. dem Schulleitungszimmer einzurichten. Auch hier ist selbstverständlich eine Absprache nötig.

Aufenthaltsraum

In fast allen weiterführenden Schulen gibt es einen Aufenthaltsraum, dessen Nutzung Sie für diesen Zweck prüfen können. Hier ist es wichtig, dass der*die Schüler*in sich im Aufenthaltsraum beaufsichtigt fühlt. Diese Lösung ist eher für ältere Schüler*innen geeignet.

Schattenstundenplan

Gerade in besonders lauten und unkonzentrierten Lerngruppen führen die **Lehrkräfte einer Klasse** das Training häufig gemeinsam durch. Dann ist es möglich, dass der*die jeweilige Schüler*in in die Klasse eines Kollegen bzw. einer Kollegin geschickt wird. In manchen von uns betreuten Klassen haben die Lehrkräfte gemeinsam einen Schattenstundenplan entworfen, aus dem genau hervorging, welche Lehrperson in welchem Raum **wann zur Verfügung** steht. Gelegentlich bringen Kolleg*innen dabei auch ihre Freistunden ein. Dadurch, dass jeder Kollege und jede Kollegin profitiert, ist in der Regel auch jede*r bereit, mitzumachen.

---

[8] *siehe Heidrun Bründel und Erika Simon:*
Die Trainingsraummethode.
Verlagsgruppe Beltz: Weinheim Basel, 2007.

Flur

Ist keine der obigen Möglichkeiten machbar oder gewollt, ist auch der Tisch vor der Tür eine Möglichkeit. Wenn gewünscht, kann die Tür geöffnet bleiben, damit Sie **Sichtkontakt nach draußen** haben. Wichtig ist dabei, dass es keine Kontaktaufnahmemöglichkeiten mit der Klasse gibt. Am besten stellen Sie den Tisch entsprechend so auf, dass der*die Schüler*in gegen die Wand schaut.

In der Klasse

Möchten Sie kein Aufsichtspflicht-Verletzungsrisiko eingehen, ist auch **ein Verlassen des Unterrichts im Klassenzimmer** möglich. Dazu werden ein oder mehrere Tische (in letztem Fall mit räumlicher Distanz) zum **Auszeit-Tisch** erklärt und so aufgestellt, dass **kein oder wenig Sichtkontakt** zur Klasse möglich ist. Wenn genügend Platz im Klassenzimmer vorhanden ist, kann der Sichtschutz auch durch eine mobile Trennwand geschaffen werden. Die Klassenzimmer-Lösung ist insbesondere für jüngere Schüler*innen empfehlenswert, ist aber auch noch mit älteren Schüler*innen durchführbar. Sie hat außerdem den Vorteil, dass der*die Schüler*in am Auszeittisch **den Unterricht mithören** kann. Allerdings sollten Sie darauf achten, dass Sie das Einbeziehen in den Unterricht (z. B. durch Aufrufen) vermeiden. Sie sollten ihn*sie stattdessen konsequent „übersehen".

Eine weitere häufige Frage, die im Zusammenhang mit dem Verlassen des Unterrichts genannt wird, ist die Sorge, dass die Schüler*innen ja nur einfach ein paar Mal die Regel übertreten müssten, damit sie nicht mehr am Unterricht teilnehmen müssten. Wahrscheinlich wird es zu Beginn manche Schüler*innen geben, die einfach nur testen wollen, ob die angekündigte Folge tatsächlich eintreten wird. Allerdings ist diese Phase meist nur von sehr kurzer Dauer, denn die Schüler*innen merken sehr schnell, dass es langweilig und einsam ist ohne die Klasse. Sollten Schüler*innen sich unter Umständen für die „Auszeit" verabreden, damit sie die Zeit dort gemeinsam verbringen können, ist es hilfreich, unterschiedliche Orte für die logische Folge vorzusehen. Unserer Erfahrung nach geschieht dies jedoch sehr selten. Für Sie als Lehrperson gilt es, dem*der den Unterricht verlassenden Schüler*in möglichst keine Bühne zu bieten und **schnell zum Unterricht zurückzukehren**. Vielmehr kommt es dann darauf an, die übrigen, die nun ihren Unterricht bekommen, in der Regeleinhaltung zu bestärken.

Praxisbeispiel Primarstufe (Klasse 2)

Schritt 1: Trainingsregel festlegen
Die Klassenlehrkraft hat als Trainingsregel formuliert:
„Ich rede nur, wenn ich dran bin!"

Schritt 2: Verstärker auswählen
Brainstorming: Sticker, kleine Süßigkeiten, eine Lesestunde mit der Lehrkraft, eine Spielstunde
Am liebsten: kleine Süßigkeiten aus der (schon vorhandenen) Schatzkiste, eine Spielstunde

Schritt 3: Logische Folge festlegen
Verlassen der Unterrichtssituation; Sitzen an einem extra Tisch ohne Sichtkontakt

Praxisbeispiel Sekundarstufe (Klasse 6)

Schritt 1: Trainingsregel festlegen
Die Klassenlehrkraft hat als Trainingsregel formuliert:
„Ich melde mich, wenn ich etwas sagen will, und rede nur, wenn ich die Erlaubnis dazu habe!"

Schritt 2: Verstärker auswählen
Brainstorming: kleine Süßigkeiten, Spielen im Sportunterricht, Schulhausübernachtung, mit der Lehrkraft die Mittagspause verbringen
Am liebsten: kleine Süßigkeiten, Spielen im Sportunterricht, evtl. Schulhausübernachtung

Schritt 3: Logische Folge festlegen
Verlassen der Unterrichtssituation, Aufenthalt laut Schattenstundenplan bei einem Kollegen bzw. einer Kollegin, selbstständiges Nachholen des Unterrichtsinhalts

Schritt 4: Ein System wählen

Haben Sie die grundsätzlichen Überlegungen zu Trainingsregel, möglichen Verstärkern und logischen Folgen durchgeführt, gilt es, sich ein System zu überlegen, mit welchem Sie das Trainingsprogramm umsetzen. Hier ist einerseits das Alter der Schüler*innen und andererseits die Größe des Trainingsbedarfs für die Trainingsregel von Belang.

Sind die Schüler*innen noch jung, brauchen Sie mehr Visualisierungselemente als für ältere Schüler*innen. Auch der Zeitraum bis zum Erreichen der Verstärkung sollte umso kürzer gewählt werden, je jünger die Schüler*innen sind (siehe dazu auch Schritt 6: „Sonstige Festlegungen treffen", S. 110).

Besteht ein hoher Trainingsbedarf für die ausgewählte Regel, sollte ebenfalls ein kurzer Zeitraum bis zum Erreichen der Verstärkung gewählt werden, weil die Schüler*innen im Rahmen des Trainings erfahren sollen, dass **sie selbst in der Lage sind, ihr Verhalten zu steuern** und sich dadurch einen **Vorteil oder eine Belohnung** zu erarbeiten. Manche Schüler*innen haben bereits stark verinnerlicht, dass sie „das ja sowieso nicht können". Deshalb muss das Training auch diesen Schüler*innen vermitteln, dass sie **Selbststeuerung und damit Regeleinhaltung lernen** können.

Ganz grundsätzlich können Sie ein **Sofort-Verstärker-System** oder ein **Sammelsystem** verwenden. Beim Sofort-Verstärker-System erfolgt die Verstärkung unmittelbar nach einem sehr kurzen Trainingszeitraum. Hier kann z. B. eine Schulstunde oder eine Unterrichtseinheit bei derselben Lehrkraft oder ein Tag gewählt werden. Ein solches System ist bei jungen Schüler*innen und/oder bei einem hohen Trainingsbedarf empfehlenswert. Ein Sofort-Verstärker-System können Sie später bei Bedarf leicht in ein Sammelsystem überführen.

Sammelsysteme lassen sich noch einmal unterteilen in Positiv-Sammelsysteme und Negativ-Sammelsysteme. Beim **Positiv-Sammelsystem** sammeln die Schüler*innen für das Erreichen des Trainingsziels in kürzeren Zeiteinheiten bestimmte Symbole wie Punkte, Sonnen, Stempel, Steine o. Ä., die in einem Pass oder einer Liste eingetragen werden. Für eine bestimmte Anzahl an Symbolen **in einem vorgegebenen Zeitraum** können sich die Schüler*innen später einen **größeren Verstärker** (z. B. Teilnahme an einer besonderen Aktion, eine Vergünstigung, einen Gutschein) erarbeiten. Die Positiv-Sammelsysteme sind für Sie aufwändiger, weil jede*r einzelne Schüler*in am Ende der Zeiteinheit in den Blick genommen werden muss und das gewählte Symbol in die Liste oder den Pass eingetragen wird. Das kostet Zeit. Andererseits beflügelt **das Sammeln von Symbolen** gerade jüngere Schüler*innen.

Hier müssen Sie also entscheiden, ob Sie diese **Zeit investieren** möchten. Aus unserer Erfahrung wählen Lehrkräfte in Grundschulen häufig ein Positiv-Sammelsystem, weil das Sammeln eine zusätzliche Motivation darstellt und die Lehrkraft meist mehr Zeit in der eigenen Klasse verbringt als eine Lehrkraft an weiterführenden Schulen.

Negativ-Sammelsysteme arbeiten damit, dass nur **das Nicht-Erreichen des vorgegebenen Unterziels** dokumentiert wird. Hält z. B. ein*e Schüler*in die Trainingsregel *„Ich rede nur, wenn ich die Erlaubnis dazu habe."* an einem Tag nicht ein und entscheidet sich für das Verlassen des Unterrichts, so wird nur das Verlassen dokumentiert. Das Sammelziel besteht dann darin, dass den Verstärker jede*r Schüler*in erhält, der*die nicht öfter als z. B. einmal binnen des Trainingszeitraums den Unterricht verlassen hat. Dieses System ist für Sie **sehr viel einfacher zu handhaben** – besonders dann, wenn das Verlassen des Unterrichts **mit einem Nachdenkblatt** (siehe Schritt 4: „Das Nachdenkblatt-System", S. 99) verbunden wird, was nach Rückgabe an Sie schon die Dokumentation darstellt. Die meisten Lehrkräfte an weiterführenden Schulen wählen dieses System, da es weniger aufwändig und auch von Fachlehrkräften gut anwendbar ist. Wählen Lehrkräfte einer Klasse gemeinsam dieses System, ist die Dokumentation ebenfalls arbeitserleichternd, da die Nachdenkblätter einfach an die Klassenlehrkraft weitergegeben werden können.

> **TIPP**
> Wenn in der Klasse schon ein Belohnungs- oder Verstärkersystem etabliert ist, sollten Sie überlegen, ob Sie es in das Training einbinden können. So entsteht einerseits eine Kontinuität (Schüler*innen empfinden es nicht als „schon wieder etwas Neues") und Ihnen fällt es leichter, sich in das System einzufinden.

Im Folgenden möchten wir Ihnen **drei Systeme** vorstellen, die wir selbst und auch viele Lehrkräfte mit gutem Erfolg nutzen.

Das Grüne-Karten-System

Dieses System lässt sich als Sofort-Verstärker-System und auch als Sammelsystem nutzen. Es ist besonders gut für Schüler*innen geeignet, die von einer **Visualisierung** und einer **sofortigen Rückmeldung** profitieren.

Jede*r Schüler*in bekommt zu Beginn der Trainingseinheit **zwei grüne und zwei gelbe Karten** vor sich auf den Tisch gelegt. Die grünen Karten liegen oben auf dem Stapel, die gelben darunter. Bei jedem Regelverstoß nehmen Sie die jeweils oberste Karte weg. Ziel für die Schüler*innen ist es, am Ende der Einheit (z. B. eine Schulstunde, eine Doppelstunde oder ein Tag) noch eine grüne Karte oben liegen zu haben. Wer das schafft, bekommt am Ende der Einheit einen **Sofort-Verstärker** oder ein **Sammelsymbol**, je nach gewähltem System. Die logische Folge tritt ein, wenn kein Kärtchen mehr auf dem Tisch liegt. Der Vorteil dieses Systems besteht darin, dass die Schüler*innen sofort sehen, wenn sie sich gegen die Einhaltung der Regel entschieden haben. **Sie müssen nicht sprechen oder ermahnen**, sondern können quasi nebenbei die Karte wegnehmen. Manche Schüler*innen, insbesondere diejenigen, die gar nicht merken, dass sie sich nicht an die Trainingsregel halten, bekommen eine **direkte Rückmeldung** und erhalten so gleichzeitig **eine Hilfe zur besseren Selbstwahrnehmung**. Dadurch, dass der Vorgang ohne Worte geschieht, kann der Unterricht ohne Unterbrechung weiterlaufen. Sind alle Karten weg, tritt die **angekündigte Folge** ein. Ist dies z. B. ein Verlassen des Unterrichts mit Auszeitplatz, geht der*die Schüler*in gleichermaßen ohne Worte an den vorgeschriebenen Ort. Dieses Prozedere wird den Schüler*innen vor Trainingsbeginn in der Ankündigung (siehe Kapitel 5 „Ankündigung oder Trainingsvereinbarung", S. 116) erklärt, sodass jede*r weiß, was zu tun ist.

Steuerungsmöglichkeiten je nach Alter und Trainingsbedarf bestehen darin, dass Sie sowohl die Anzahl der Karten variieren als auch **eine Kartenrückerstattung** ermöglichen können. Im ersten Fall können Sie z. B. nur eine grüne und eine gelbe Karte ausgeben oder auch zwei grüne und eine gelbe. Eine gute Möglichkeit besteht darin, das System mit mehreren Karten zu beginnen und **je nach Fortschritt des Trainingsprogramms die Karten später zu reduzieren**. Auch auf **individuelle Besonderheiten** kann durch die Kartenanzahl in Absprache mit der Klasse eingegangen werden. Einem Kind mit einer ADHS-Symptomatik fällt es erfahrungsgemäß schwerer, eine Regel wie die im Beispiel einzuhalten. Ein*e solche*r Schüler*in könnte dann mehr Karten erhalten als die anderen. Das sollte allerdings der übrigen Klasse erklärt werden.

Sehr hilfreich insbesondere für jüngere Schüler*innen, aber auch für Schüler*innen, denen Regeleinhaltung besonders schwerfällt, ist es, wenn Sie mit der **Möglichkeit der Kartenrückerstattung** arbeiten. Dabei können die Schüler*innen weggenommene Karten zurückerhalten, wenn Sie als Lehrkraft **eine besondere Anstrengung zur Regeleinhaltung** feststellen – allerdings nur solange der*die Schüler*in noch mindestens eine gelbe Karte vor sich hat. Die Kartenrückerstattung erfolgt ebenfalls wortlos, indem Sie einfach eine Karte zurück auf den Stapel legen. Diese Variante gibt Ihnen die Möglichkeit, mit einem pädagogischen Blick **direkte Rückmeldung zu gelingender Regeleinhaltung** zu geben. Gelegentlich fragen die Schüler*innen auch danach, ob sie es nicht verdient hätten, nun eine Karte zurückzubekommen. Dann können Sie gewissenhaft prüfen, ob Sie diese Einschätzung teilen, und entsprechend je nach Entscheidung eine Karte zurückgeben.

Unserer Erfahrung nach ist das Grüne-Karten-System sehr wirksam in den Klassen 1 bis 6. Selbst sehr „schwierige" Schüler*innen sprechen darauf an. Je jünger die Kinder, desto kürzer sollte dabei die Zeit sein, bis zu der der Verstärker erreicht wird (siehe dazu auch Schritt 6: „Sonstige Festlegungen treffen", S. 110).

> **TIPP**
> Wir verwenden als Karten gerne Quadrate von ca. 10 x 10 cm aus buntem, etwas dickerem Papier (eine DIN-A4-Seite in der Mitte von oben nach unten durchgeschnitten und dann gedrittelt). Die Karten sollten nicht zu glatt sein, da sie sonst sehr leicht vom Tisch rutschen.

Aufbewahrt werden können die Karten entweder von Ihnen oder von den Schüler*innen selbst. Bewahren Sie die Karten auf, hat das den Vorteil, dass die Karten nicht in der Schultasche verloren gehen oder „vergessen" werden können. Allerdings ist das **Austeilen und Einsammeln** mit Aufwand verbunden. Hier empfiehlt es sich, einen Austeildienst einzurichten, der die Karten zu Stundenbeginn verteilt. Ein weiterer Vorteil besteht darin, dass Sie auch einmal Stunden ohne Training vorsehen können, wenn die Stundenplanung andere Methoden vorsieht.

Viele Lehrkräfte benutzen dieses System für ein **Intensivtraining** über einen nicht zu langen Zeitraum. Dabei beginnen Sie mit einem sehr kurzen Trainingszeitraum (z. B. nur eine Stunde) und verlängern nach und nach. Wenn sich die Regeleinhaltung so verbessert hat, dass ein ruhiger Unterricht wieder möglich ist, können Sie ankündigen, dass Sie nun sicher sind, dass die Regeleinhaltung so gut beherrscht wird, dass das Trainingsprogramm nun eine Weile ausgesetzt werden kann. Manchmal schlagen die Schüler*innen dies auch selbst vor, wenn in der Rückmelderunde von den Schüler*innen wahrgenommen wird, dass *„es jetzt viel ruhiger geworden ist"* und *„wir jetzt viel besser lernen können"* (so wird häufig die Rückmeldung aus den Klassen formuliert). **Das ausgesetzte Training** kann aber **schnell wieder aktiviert** werden, wenn die Regeleinhaltung wieder weniger gut funktioniert. Auch dies wird häufig von den Schüler*innen selbst vorgeschlagen – insbesondere von den ruhigeren und lernwilligen Schüler*innen.

Das Nachdenkblatt-System

Das zweite System, das wir vorstellen möchten, haben wir das Nachdenkblatt-System genannt. Es ist **ein Negativ-Sammelsystem**, bei dem nur dokumentiert wird, wer sich gegen die Regeleinhaltung entschieden hat und für den die logische Folge eingetreten ist. **Die logische Folge** besteht darin, **den Unterricht zu verlassen** und **ein Nachdenkblatt auszufüllen**. Es lehnt sich an das Vorgehen der Trainingsraummethode nach Bründel und Simon (2007) an und ist eher für ältere Schüler*innen geeignet. Es zielt stärker auf die **Verantwortung der Schüler*innen** für das eigene Handeln und ihren eigenen Lernprozess ab.
Beim Nachdenkblatt-System wird auf eine vorher festgelegte Weise (siehe Schritt 5: „Reaktionsmuster festlegen", S. 106) auf eine Regelverletzung reagiert und nach einem angekündigten Prozedere tritt die logische Folge ein. Oft wird bei der Reaktionsweise **eine bestimmte Fragenfolge** gewählt. Dabei werden dem*der Schüler*in, welche*r die Trainingsregel nicht einhält, der Reihe nach folgende Fragen gestellt:

- *„Was tust du gerade?"*
- *„Wie heißt die Regel?"*
- *„Wofür entscheidest du dich?"* (z. B. Trainingsregel einhalten und weiter am Unterricht teilnehmen oder Trainingsregel nicht einhalten und den Unterricht verlassen?)

Entscheidet sich der*die Schüler*in, die Regel einzuhalten, kann er*sie im Unterricht bleiben, allerdings wird der **Name an der Tafel** notiert. Denn die Schüler*innen wissen aus der Ankündigung, dass eine erneute Entscheidung gegen die Regeleinhaltung die **angekündigte logische Folge** nach sich zieht (siehe dazu auch Kapitel 5 „Ankündigung oder Trainingsvereinbarung", S. 116). Verstößt der*die schon einmal gefragte Schüler*in also erneut gegen die Trainingsregel, resultiert daraus die angekündigte Folge. Er*sie verlässt den Unterricht und füllt ein Nachdenkblatt aus. Sie als Lehrperson sammeln und **dokumentieren nur die Nachdenkblätter**. Den vereinbarten Verstärker oder die Belohnung erhalten am Ende des gewählten Trainingszeitraums die Schüler*innen, die eine **bestimmte Anzahl an Nachdenkblättern** nicht überschritten haben. Das Nachdenkblatt kann so wie in der Abbildung unten aussehen. Es ist im Download als Planungshilfe 4 in einer Variante für jüngere sowie für ältere Schüler*innen zu finden.

Nachdenkblatt für ältere Schüler*innen

Kopiervorlage | Planungshilfe 4b: Nachdenkblatt für ältere Schüler*innen

Nachdenkblatt

Name:

Du hast dich entschieden, die Regel nicht einzuhalten, und hast den Unterricht verlassen.
Welchen Unterricht hast du verlassen?

Lehrkraft: Fach: Datum:

Welche Regel hast du nicht eingehalten?

Was möchtest du in Zukunft anders machen?

Was könnte dir dabei helfen, deinen Vorsatz in die Tat umzusetzen?

Wie könnte ich als Lehrkraft dich dabei unterstützen?

Was sollen wir in Zukunft tun, wenn du oder ich merken, dass es dir wieder schwerfällt, dich an die Regel zu halten?

Was möchtest du an dieser Stelle unbedingt noch erwähnen?

Du weißt, den Inhalt der Stunde musst du selbstständig nachholen.
Wen fragst du, was du im Unterricht verpasst hast?

Das ANTI-LAUT PROGRAMM | Icon „Reflexion" © Maksim Ankuda – Shutterstock | © Verlag an der Ruhr | Autorenteam: Eva Blum, Hans-Joachim Blum | ISBN 978-3-8346-4785-6 | www.verlagruhr.de

Auch dieses System hält einige **Möglichkeiten zur Variation** bereit. Daher möchten wir das soeben sehr kompakt und kurz beschriebene Vorgehen noch ein wenig erläutern.

Die Fragen lehnen sich an Fragen der Trainingsraummethode an. **Die erste Frage** („*Was tust du gerade?*") zielt darauf ab, dem*der Schüler*in das eigene Handeln bewusst zu machen. Tatsächlich ist es so, dass manche Schüler*innen gar nicht bewusst merken, dass sie gerade Geräusche produzieren. Die Antwort „*gar nichts*" ist durchaus nicht immer eine Schutzbehauptung. Gerade jüngeren Schüler*innen hilft diese Frage, das eigene Handeln überhaupt ins Bewusstsein zu heben. Die Bewusstmachung ist aber der erste Schritt zur Selbststeuerung und damit Verhaltensänderung und schließlich Regeleinhaltung. Auf die Antwort „*gar nichts*" sollten Sie mit Ihrer eigenen Beobachtung antworten: „*Ich sehe, dass du mit deiner Sitznachbarin sprichst und nicht dran bist.*" Viel häufiger ist allerdings die Antwort „*Ich rede und bin nicht dran!*", denn viele gerade ältere Schüler*innen sind durchaus **zur Selbststeuerung fähig**, finden es aber nicht so nötig.

Die zweite Frage („*Wie heißt die Regel?*") aktiviert die Trainingsregel bei dem*der gefragten Schüler*in. Er*sie wiederholt an dieser Stelle einfach die Trainingsregel in der Ich-Form, wie sie in der Ankündigung oder in der Trainingsvereinbarung formuliert und möglichst auch im Klassenzimmer visualisiert worden ist.

Die dritte Frage („*Wofür entscheidest du dich?*") fordert von dem*der Schüler*in eine bewusste Entscheidung, ob er*sie gewillt ist, die Regel einzuhalten. Dadurch wird klar, dass der*die Schüler*in **selbst dafür verantwortlich ist, ob die logische Folge eintritt** und er*sie weiter am Unterricht teilnimmt oder nicht. In der Ankündigung bzw. Trainingsvereinbarung wird den Schüler*innen verdeutlicht, dass es die Pflicht der Lehrperson ist, guten Unterricht anzubieten für alle, die lernen wollen, dass aber jemand, der bewusst die dazu nötigen Regeln verletzt, sich an einem anderen Ort aufhalten sollte, damit alle, die dies wollen, ihren guten Unterricht bekommen können. **Wichtig** ist hier, dass Sie nicht die Wörter „rauswerfen" und „Strafe" verwenden, sondern stets die Eigenverantwortung des Schülers bzw. der Schülerin betonen („*Es ist deine Entscheidung.*", „*Du entscheidest, ob du hier im Klassenzimmer bist.*" o. Ä.). Es ist hilfreich, wenn Sie diese Sichtweise zu Ihrer eigenen machen. So werden auch Stimme und Haltung dem*der Schüler*in signalisieren, dass er*sie Verantwortung trägt. Leichte Variationen in der Form der Fragen sind möglich. In jedem Fall ist es sinnvoll, Ihre (feste) Fragenfolge für die Schüler*innen zu visualisieren, wie z. B. in der Abbildung „Schaubild Fragesystem" (S. 102). Unser Dank geht an Frau Jakob an der Comenius-Schule in Königsbach-Stein, durch die im Anschluss an ein Regeltraining im Rahmen unseres Klassencoachings die Vorlage zu diesem Schaubild entstand.

Schaubild Fragesystem

Was tust du gerade?
Wie heißt die Regel?
Willst du die Regel einhalten?

JA — **NEIN**

© Verlag an der Ruhr, nach Ute Jakob, Comenius-Schule in Königsbach-Stein
unter Verwendung von Illustrationen © Norbert Höveler

Die Durchführung der Fragenabfolge erscheint Ihnen zunächst vielleicht komplex. In der Anwendung zeigt sich jedoch, dass Sie nach kurzer Zeit gar nicht mehr fragen müssen. Dann beantworten die Schüler*innen die Fragen sozusagen ungefragt und sagen gleich: „Ich halte mich dran."

Natürlich ist dieses System auch ohne explizites Fragen möglich, indem Sie bei einer Verletzung der Trainingsregel direkt den Namen an die Tafel schreiben. Das ist weniger kompliziert, entlässt den*die Schüler*in aber aus der **aktiven Entscheidung für oder gegen die Regeleinhaltung**. Damit steht Schüler*innen leichter der Ausweg in die Ausrede *„Der hat mich ja sowieso auf dem Kieker!"* offen. Deswegen empfehlen wir, die Fragen **auf jeden Fall zu Beginn des Trainings** anzuwenden.

Entscheidet sich der*die Schüler*in gegen die Regeleinhaltung, verlässt er*sie die Unterrichtssituation (die Möglichkeiten wurden bereits erläutert in Schritt 3: „Logische Folge festlegen", S. 90) und bearbeitet ein Nachdenkblatt. **Das Verlassen des Unterrichts ist keine Strafe**, sondern **die Folge der Entscheidung des Schülers bzw. der Schülerin**, sich nicht an die Regel zu halten. Wichtigstes Ziel ist es, dass die lernwilligen Schüler*innen den Unterricht bekommen, der ihnen zusteht. Deswegen ist es zunächst auch nicht wichtig, ob der*die Schüler*in sein*ihr Verhalten sofort ändert. **Der Fokus liegt klar auf dem Fortgang des Unterrichts.** Das Ausfüllen des Nachdenkblatts dient vordergründig dazu, dass der*die Schüler*in eine sinnvolle

Aufgabe hat und dass die Dokumentation für Sie erleichtert wird. Es soll darüber hinaus **einen Reflexionsprozess (Nachdenken) bei dem*der Schüler*in in Gang setzen**. Dieser ist jedoch zunächst ebenfalls in die Verantwortung des Schülers bzw. der Schülerin gestellt. Möchten Sie später mit dem*der Schüler*in ins Gespräch kommen, kann das Nachdenkblatt auch als Grundlage der Reflexion verwendet werden.

Praktische Erfahrungen mit dem Nachdenkblatt-System zeigen, dass die meisten Schüler*innen mithilfe dieses Trainingssystems **ihr Verhalten und ihre Steuerungsfähigkeit verbessern**. Gerade bei älteren Schüler*innen ist häufig zunächst ein Austesten zu beobachten. Sie möchten wissen, ob Sie als Lehrperson tatsächlich das Angekündigte tun. Nach der Probierphase ist bei den meisten Schüler*innen eine **schnelle Verbesserung bei der Regeleinhaltung** zu beobachten. Bei einigen wenigen kann es auch zunächst nur kleine Fortschritte geben, die dann dementsprechend gewürdigt werden sollten, auch wenn es noch nicht für die Verstärkung oder Belohnung ausreicht (siehe dazu auch Kapitel 5 „Rückmeldung", S. 124). Nur sehr wenige Schüler*innen schaffen es auch mithilfe des Trainingsprogramms nicht, Steuerungsfähigkeit und Regeleinhaltung zu verbessern. Für diese müssen dann **andere Hilfssysteme**, die ggf. auch außerhalb der Schule liegen, gefunden werden. Möglichkeiten für weitere Hilfssysteme finden sich unter den häufig gestellten Fragen (siehe Kapitel 6 „Frequently asked questions", S. 146).

Das Bonuspunkte-System

Das dritte System, das wir hier vorstellen wollen, ist **ein Positiv-Sammelsystem, das mit Selbsteinschätzung gekoppelt ist**. Wir verdanken es unserem Kollegen Philippe Junod. Es eignet sich besonders auch für jugendliche Schüler*innen und junge Erwachsene. Dabei sammeln die Schüler*innen **Bonuspunkte**, die sie gegen eine **Verstärkung oder Belohnung** eintauschen können. Diese Bonuspunkte werden **auf der Grundlage einer Selbsteinschätzung** vergeben, sodass die Selbstverantwortung stärker betont wird.

Nach Festlegung der Trainingsregel werden die Schüler*innen jeweils **am Ende eines vorher angekündigten Zeitabschnitts** (z. B. eine Unterrichtsstunde, ein Unterrichtstag o. Ä.) um eine Selbsteinschätzung gebeten. Die Schüler*innen können sich **2 Punkte** (*„Das Einhalten der Regel gelingt mir sehr gut."*), **1 Punkt** (*„Ich bin auf einem guten Weg."*) oder **keinen Punkt** (*„Ich arbeite daran."*) geben. Auch halbe Punkte können vergeben werden. Die selbst vergebenen Punkte werden von Ihnen geprüft und ggf. korrigiert und dann in eine Liste eingetragen (siehe Abbildung „Beispiel Bonuspunkteliste", S. 104 und Planungshilfe 2).

Hat ein*e Schüler*in eine vorher festgelegte Anzahl an Punkten erreicht, erhält er*sie die Verstärkung. Alternativ kann auch ein Zeitraum festgelegt werden, bis zu dem eine Mindestpunktzahl erreicht werden muss. Alle Schüler*innen, die dies geschafft haben, **erhalten dann die Verstärkung oder Belohnung**.

Beispiel Bonuspunkteliste

Kopiervorlage | Planungshilfe 2

Bonuspunkteliste

Selbsteinschätzung: „Wie habe ich die Trainingsregel heute eingehalten?"
ggf. mit Korrektur durch die Lehrkraft

0 = Ich arbeite daran.　　1 = Ich bin auf einem guten Weg.　　2 = Es gelingt mir sehr gut.

NAME	30.09.	01.10.	02.10.	07.10.	08.10.	09.10.	10.10.	SUMME
Ayla	1,5	1,5	2,0	1,5	1,5	2,0	1,5	11,5
Beda	2,0	2,0	2,0	2,0	2,0	2,0	2,0	14,0
Ben	1,5	1,5	1,0	2,0	1,0	1,5	1,5	10,0
Berat	1,0	1,5	1,0	0,5	1,0	1,5	1,0	7,5
Carlos	1,5	2,0	1,5	1,0	1,0	1,5	1,5	10,0
Dana	1,5	1,5	1,5	2,0	2,0	1,5	1,5	11,5
David	2,0	2,0	2,0	2,0	2,0	2,0	2,0	14,0
Emilio	1,5	1,0	1,0	0,5	0,5	0,5	1,5	6,5
Fatima	1,5	1,5	1,5	2,0	1,0	1,5	1,5	10,5
Julia	1,5	1,5	1,5	1,5	1,5	1,5	1,5	10,5
Kim	2,0	1,5	2,0	2,0	1,5	2,0	2,0	13,0
Moussa	1,0	1,0	1,0	0,5	0,5	1,5	2,0	7,5

Praktische Erfahrungen zeigen, dass insbesondere ältere Schüler*innen auf diese Weise schnell **Verantwortung für das eigene Verhalten** übernehmen und sich im **Verhalten verbessern**. Unterstützend ist es hilfreich, wenn Sie sich vor Beginn des Trainings in einen **Austausch** mit den Jugendlichen oder jungen Erwachsenen begeben, um zu erfahren, welche Erwartungen diese an Sie und sich selbst haben, damit **eine gute Lernatmosphäre** in der Klasse entsteht. („*Was erhofft ihr euch von den Lehrkräften, damit eine gute Lernatmosphäre entsteht? Was könnt ihr als Lernende zu einer guten Lernatmophäre beitragen?*")

Insgesamt ist dieses System **etwas zeitaufwändiger, verzichtet** aber zunächst **auf logische Folgen**. Es signalisiert noch stärker die Selbstverantwortung des Schülers bzw. der Schülerin, was insbesondere junge Erwachsene anspricht.

Praxisbeispiel Primarstufe (Klasse 2)

Schritt 1: Trainingsregel festlegen
Die Klassenlehrkraft hat als Trainingsregel formuliert:
„Ich rede nur, wenn ich dran bin!"

Schritt 2: Verstärker auswählen
Brainstorming: Sticker, kleine Süßigkeiten, eine Lesestunde mit der Lehrkraft, eine Spielstunde
Am liebsten: kleine Süßigkeiten aus der (schon vorhandenen) Schatzkiste, eine Spielstunde

Schritt 3: Logische Folge festlegen
Verlassen der Unterrichtssituation; Sitzen an einem extra Tisch ohne Sichtkontakt

Schritt 4: Ein System wählen
Das Grüne-Karten-System

Praxisbeispiel Sekundarstufe (Klasse 6)

Schritt 1: Trainingsregel festlegen
Die Klassenlehrkraft hat als Trainingsregel formuliert:
„Ich melde mich, wenn ich etwas sagen will, und rede nur, wenn ich die Erlaubnis dazu habe!"

Schritt 2: Verstärker auswählen
Brainstorming: kleine Süßigkeiten, Spielen im Sportunterricht, Schulhausübernachtung, mit der Lehrkraft die Mittagspause verbringen
Am liebsten: kleine Süßigkeiten, Spielen im Sportunterricht, evtl. Schulhausübernachtung

Schritt 3: Logische Folge festlegen
Verlassen der Unterrichtssituation, Aufenthalt laut Schattenstundenplan bei einem Kollegen bzw. einer Kollegin, selbstständiges Nachholen des Unterrichtsinhalts

Schritt 4: Ein System wählen
Das Nachdenkblatt-System

Schritt 5: Reaktionsmuster festlegen

Nach der Festlegung des Systems sollten Sie überlegen, wie Ihre Reaktion auf eine Regelverletzung genau aussehen soll. Das gibt Ihnen selbst Sicherheit, schützt vor Überreaktionen und signalisiert den Schüler*innen ebenso Sicherheit, denn sie wissen schon im Vorhinein, wie Sie reagieren werden.

Wenn man Schüler*innen selbst fragt, welche Reaktion der Lehrperson sie sich auf eine Regelverletzung wünschen, dann nennen sie in der Regel vier Punkte, welche in der nachfolgenden Abbildung festgehalten sind.

Von Schüler*innen gewünschte Reaktion der Lehrkraft auf eine Regelverletzung

Die Reaktion der Lehrkraft sollte
➡ transparent
➡ konsequent
➡ fair
➡ sachlich
sein.

Transparent bedeutet, dass die Schüler*innen die Regel(n) kennen und wissen, was auf sie zukommt, wenn sie sich entscheiden, die Regel zu übertreten.

Konsequent heißt, dass die angekündigte Reaktion in der angekündigten Art erfolgt, weder schwächer noch stärker oder anders. Konsequenz ist hier auch im Sinne von Verlässlichkeit zu verstehen. Kündigt die Lehrkraft etwas an, was dann nicht oder anders eingehalten wird, erleben die Schüler*innen dies als unzuverlässig. Damit verliert die Lehrperson den Schüler*innen gegenüber an **Glaubwürdigkeit** und insbesondere bei älteren Schüler*innen an **Respekt**. Die Schüler*innen selbst benennen konsequentes Handeln oft als „streng". Allerdings ist dies eher ein Pluspunkt (selbst wenn für Erwachsene „Strenge" oftmals einen negativen Beigeschmack hat). Eine „strenge" Lehrkraft ist verlässlich, sie ist den Schüler*innen ein*e glaubwürdige*r Beziehungspartner*in und empfiehlt sich auch in anderen Situationen als Richtschnur für glaubwürdiges Handeln. Selbstverständlich ist parallel zum konsequenten Handeln wichtig, dass die Schüler*innen und nicht die Regel an erster Stelle stehen. Ausnahmen sollten allerdings immer gut erklärt werden.

Eine Reaktion wird als **fair** erlebt, wenn die **Reaktion angemessen** ist und unabhängig von der Person erfolgt. Nicht angemessen wäre etwa, wenn die Lehrperson beim ersten Vergessen der Hausaufgaben vier Stunden nachsitzen ließe. Fairness besteht für Schüler*innen auch darin, dass die Lehrperson die angekündigte Folge nicht von der Person abhängig macht. Insbesondere Jungen beschweren sich gelegentlich, dass sie eher und häufiger gemaßregelt würden als die „lieben Mädchen". Wenngleich es aus der Sicht der Lehrkraft verständlich ist, dass sie bei einem*einer ruhigen Schüler*in eher einmal eine Regelverletzung „übersieht" als bei einem*einer lauten, so ist es doch wichtig, darauf zu achten, dass hier ein **gutes Gleichgewicht** gewahrt wird und auch der*die stille Schüler*in bei einer Regelverletzung genauso behandelt wird wie der*die laute.

Ganz besonders wichtig ist auch, dass die Reaktion **sachlich** ist. Schüler*innen wollen keine Moralpredigt und keinen Vortrag darüber, wie „schlimm" sie sind. **Abwertungen der Person** sollten in jedem Fall tabu sein. Stattdessen besteht eine sachliche Reaktion darin, das Verhalten des Schülers bzw. der Schülerin als **Beobachtung** und **in ruhigem Ton** anzusprechen und anschließend schnell zum Unterricht zurückzukehren.

Nach diesen Grundsätzen sollten Sie nun ganz konkret überlegen, was Sie in der Situation der Regelverletzung sagen werden. Am besten stellen Sie sich dazu die Situationen im eigenen Klassenzimmer vor und formulieren **mögliche Reaktionsweisen**.

Egal für welches System Sie sich in Schritt 4 entschieden haben, beim Festlegen der Reaktion können **folgende Fragen** helfen:
- Was sage und tue ich genau, wenn ich eine Regelverletzung wahrnehme?
- Wenn ich das Nachdenkblatt-System verwende: Nutze ich das Frageschema und, wenn ja, welche Frage(n) stelle ich genau? Wo notiere ich, welche*n Schüler*in ich bereits gefragt habe? (Tafel, Blatt auf dem Pult)
- Möchte ich auf die Fragen verzichten? Wenn ja, wie signalisiere ich dem*der Schüler*in, dass er*sie die Regel übertreten hat? (z. B. den Namen an der Tafel notieren, evtl. unter einem gelben Blatt)
- Wenn ich das Grüne-Karten-System nutze: Wo bewahre ich die Karten auf? Wie und von wem werden sie am Beginn der Stunde verteilt? Bewahren die Schüler*innen die Karten selbst auf? Wie gehe ich mit verlorenen Karten um?
- Wohin geht der*die Schüler*in, wenn er*sie den Unterricht verlässt?
- Wo bewahre ich Nachdenkblätter auf und wie erhält der*die Schüler*in das Nachdenkblatt?

- Wie und mit welchen Worten übergebe ich es?
- Wie und wann kehrt der*die Schüler*in in den Unterricht zurück?

Anschließend sollten Sie die zu sprechenden Sätze und auch das zugehörige Handeln aufschreiben und auch einmal laut und vor dem Spiegel oder mit einer freundlich-kritischen Person als Beobachter*in ausprobieren.

Je nach Situation in der eigenen Schule müssen ggf. noch andere Fragen berücksichtigt werden. Dabei gilt: Je genauer Sie die Situation vorab durchdenken, umso klarer können Sie den Ablauf den Schüler*innen in der Ankündigung mitteilen und ggf. sogar visualisieren und umso weniger unerwartete Situationen kommen auf.

Praxisbeispiel Primarstufe (Klasse 2)

Schritt 1: Trainingsregel festlegen
Die Klassenlehrkraft hat als Trainingsregel formuliert:
„Ich rede nur, wenn ich dran bin!"

Schritt 2: Verstärker auswählen
Brainstorming: Sticker, kleine Süßigkeiten, eine Lesestunde mit der Lehrkraft, eine Spielstunde
Am liebsten: kleine Süßigkeiten aus der (schon vorhandenen) Schatzkiste, eine Spielstunde

Schritt 3: Logische Folge festlegen
Verlassen der Unterrichtssituation; Sitzen an einem extra Tisch ohne Sichtkontakt

Schritt 4: Ein System wählen
Das Grüne-Karten-System

Schritt 5: Reaktionsmuster festlegen
Bei jedem*jeder Schüler*in liegen zwei grüne und zwei gelbe Karten (als Stapel, grün oben, gelb unten) auf dem Tisch. Bei Nichteinhaltung der Regel im Unterricht nimmt die Lehrkraft jeweils die oberste Karte weg. Sind alle Karten weg, geht der*die Schüler*in an den Nachdenktisch und füllt das Nachdenkblatt aus. Der*die Schüler*in gibt das ausgefüllte Blatt am Ende der Stunde bei der Lehrkraft ab.
Besonderheit: Solange noch eine Karte da liegt, kann der*die Schüler*in durch gute Regeleinhaltung eine Karte zurückbekommen.

Praxisbeispiel Sekundarstufe (Klasse 6)

Schritt 1: Trainingsregel festlegen
Die Klassenlehrkraft hat als Trainingsregel formuliert:
„Ich melde mich, wenn ich etwas sagen will, und rede nur, wenn ich die Erlaubnis dazu habe!"

Schritt 2: Verstärker auswählen
Brainstorming: kleine Süßigkeiten, Spielen im Sportunterricht, Schulhausübernachtung, mit der Lehrkraft die Mittagspause verbringen
Am liebsten: kleine Süßigkeiten, Spielen im Sportunterricht, evtl. Schulhausübernachtung

Schritt 3: Logische Folge festlegen
Verlassen der Unterrichtssituation, Aufenthalt laut Schattenstundenplan bei einem Kollegen bzw. einer Kollegin, selbstständiges Nachholen des Unterrichtsinhalts

Schritt 4: Ein System wählen
Das Nachdenkblatt-System

Schritt 5: Reaktionsmuster festlegen
Bei Missachtung der Regel im Unterricht fragt die Lehrkraft den*die betreffende*n Schüler*in:

„Was tust du gerade?"
„Wie heißt die Regel?"
„Wofür entscheidest du dich?"

Entscheidet sich der*die Schüler*in für

  a) **Einhaltung der Regeln**, darf er*sie im Unterricht bleiben (Name wird unter einem gelben Blatt an der Tafel vermerkt). Die nächste Übertretung dieser Regel bedeutet dann, dass der*die Schüler*in den Klassenraum verlässt. (siehe b)

  b) **Nichteinhaltung der Regel**
  → Schüler*in wird zu einem Kollegen bzw. einer Kollegin geschickt und füllt das Nachdenkblatt aus. Er*sie muss den versäumten Stoff selbstständig nachholen.
  Der*die Schüler*in gibt das ausgefüllte Blatt am Ende der Stunde bei der Lehrkraft ab.

Schritt 6: Sonstige Festlegungen treffen

Sind die Schritte 1 bis 5 gemacht, geht es noch um einige Rahmenentscheidungen, die für die spätere Durchführung wichtig sind.

Trainingszeitraum und Anforderungen

Über den Trainingszeitraum haben wir schon weiter oben immer wieder geschrieben. Dies ist der Zeitraum, in dem die **Trainingsleistung** der Schüler*innen beobachtet wird und innerhalb dessen die Schüler*innen das vereinbarte Trainingsziel erreichen können.

In unseren Praxisbeispielen besteht das Trainingsziel darin, die vereinbarte Regel einzuhalten. Das gewählte System unterstützt dabei die Trainingsarbeit, indem es die von der Lehrperson beobachtete Regeleinhaltung sichtbar macht. Ziel ist dabei, eine bessere Selbststeuerung einzuüben und den Schüler*innen die Möglichkeit zu geben, **durch Erfolgserlebnisse Selbstwirksamkeit zu erfahren**.

Bei der Entscheidung über die Länge des **Trainingszeitraums** sollte daher am Beginn die Frage im Mittelpunkt stehen, wie viel Trainingsbedarf die Klasse hat. Eine gute Hilfe dabei ist, einmal realistisch einzuschätzen, **über welchen Zeitraum** etwa zwei Drittel der Schüler*innen in der Klasse die gewählte Regel **ohne große Anstrengung** einhalten und sich so den Verstärker verdienen können.
Stellen Sie fest, dass dies ein sehr kurzer Zeitraum ist – in manchen „lauten" Klassen ist dies tatsächlich oft weniger als eine Schulstunde –, sollte auch der Trainingszeitraum zu Beginn kurz gewählt werden. Denn nur so kann auch ein*e Schüler*in, dem*der die Regeleinhaltung (noch) schwerfällt, erfahren, dass er*sie selbst in der Lage ist, **das eigene Verhalten zu steuern**. Gleichzeitig erleben die Schüler*innen, denen Regeleinhaltung leichtfällt, eine Verstärkung ihres **regelkonformen Verhaltens** und fühlen sich in ihrem Handeln bestätigt (siehe dazu auch Kapitel 3 „Loben und verstärken", S. 45).

Neben dem Trainingszeitraum sollten jetzt auch die Anforderungen und damit auch endgültig der zugehörige Verstärker bzw. die Belohnung festgelegt werden. Bei dem Grüne-Karten-System kann z. B. die Anforderung sein, dass am Ende des Trainingszeitraums noch eine grüne Karte oder auch zwei auf dem Tisch liegen müssen. Dies können Sie zusätzlich über die Anzahl der grünen Karten steuern. Nutzen Sie das Nachdenkblatt-System, können Sie z. B. als Anforderung festlegen, dass die Verstärkung erreicht wird, wenn nur zwei oder nur ein oder erst wenn kein ausgefülltes Nachdenkblatt vorgewiesen werden kann. Zu Beginn empfiehlt es sich, einen „Freischuss" zu erlauben, bis alle Schüler*innen sich mit dem System auskennen. Für den Verstärker können Sie jetzt auf die Liste, die Sie unter Schritt 2 (S. 88) erstellt haben, zurückgreifen und einen Verstärker auswählen, der dem Trainingszeitraum und den Anforderungen angemessen ist.

Die Faustregel lautet also: Je größer der Trainingsbedarf in der Klasse, umso kürzer der (erste) Trainingszeitraum und umso geringer die Anforderungen.
Stellen sich erste Erfolge ein, können die einzelnen Trainingszeiträume nach und nach verlängert oder die Anforderungen angehoben werden.

> **TIPP**
> Lieber klein anfangen und dann steigern, damit möglichst viele Schüler*innen ein Erfolgserlebnis haben können und für das weitere Training motiviert bleiben. Haben die Schüler*innen den Eindruck, dass sie das Ziel „sowieso nicht schaffen" können, geben sie auf oder versuchen es erst gar nicht.

Die Schwierigkeit für die Lehrkraft besteht oft darin, dass sie schnell zu einer ruhigen Lernatmosphäre kommen will, was sehr verständlich ist. Gehen wir allerdings von dem **Trainingsgedanken** aus, dann sollte man **der Klasse und sich selbst Zeit zum Üben geben**. Denn: Alles ist schwierig, bevor es leicht wird. Und leicht wird es durch Üben.

Zu Beginn des Trainings müssen noch nicht alle weiteren Trainingszeiträume (genauso wenig wie der Gesamt-Trainingszeitraum) oder Anforderungen feststehen. Es ist im Gegenteil sinnvoll, die Trainingszeiträume und Anforderungen im Laufe des Programms **dem Trainingsfortschritt anzupassen**. In unseren Praxisbeispielen wurde deshalb zunächst eine Input-Phase von 10 Minuten (Klasse 2) und einer Woche (Klasse 6) als Trainingszeitraum gewählt. Diese Zeiträume können zu Beginn so lange beibehalten werden, bis quasi alle Schüler*innen die Regeleinhaltung erreichen. Anschließend wird der Zeitraum mit einer neuen Ankündigung oder einer neuen Trainingsvereinbarung (siehe S. 116) verlängert.

Dokumentation

Die meisten Lehrkräfte fürchten im Rahmen des Trainingsprogramms einen hohen „Verwaltungsaufwand" für die Dokumentation. Hier sollte die Maxime lauten: **So einfach wie möglich.** Denn der Unterrichtsalltag hält bereits genug **Dokumentationsaufgaben** bereit. Deshalb empfehlen wir, die Dokumentation darauf zu beschränken, die Schüler*innen zu notieren, die das Ziel nicht erreicht haben, was ja in der Regel nicht die Mehrheit der Klasse ist.

Sehr einfach ist die Dokumentation, wenn mit dem Nachdenkblatt-System gearbeitet wird. Hier müssen Sie lediglich die Nachdenkblätter sammeln (was sich ohnehin empfiehlt). Der besseren Übersichtlichkeit wegen kann die Vergabe eines Nachdenkblatts in eine **einfache Dokumentationsliste** (📥 Planungshilfe 3) auf Grundlage der Klassenliste eingetragen werden. Ein Beispiel zeigt die Abbildung „Beispiel Dokumentationsliste" unten.

Beispiel Dokumentationsliste

Kopiervorlage | Planungshilfe 3

Dokumentationsliste

Klasse: 6b   Klassenleitung: Herr Schulz   Schuljahr: 21/22   Training von 17.01. bis 11.03.
Trainingsregel: „Ich melde mich, wenn ich etwas sagen will, und rede nur, wenn ich die Erlaubnis dazu habe!"

NAME		Nachdenkblatt Einträge mit Datum/Kürzel
Ayla	I	11.03. AF
Berat	II	01.02. JH, 16.02. AF
Carlos	I	24.01. JH
Dana	III	17.01.–21.01. HM
David	I	09.02. HM
Emilio	I	10.03. AF
Hassan	I	15.02. AF
Pauline	II	24.01. JH
Vanessa	III	25.01. HM, 26.01. HM, 31.01. AF

Bei einem sehr kurzen Trainingszeitraum, bei dem der Verstärker oder die Belohnung direkt im Anschluss verteilt wird, ist eine Dokumentation nicht unbedingt notwendig. Manchmal möchte man die Dokumentation allerdings aus pädagogischen Gründen mitlaufen lassen, denn sie kann auch **die Grundlage für ein Elterngespräch** bilden, bei dem dann nicht nur ein „Eindruck", sondern nachvollziehbare Zahlen zugrunde gelegt werden können.

Arbeiten Sie mit dem Bonuspunkte-System, ist die Dokumentation gewissermaßen Teil des Systems und muss nicht gesondert durchgeführt werden. Die Dokumentation kann auch **zum Nachweis Ihrer pädagogischen Arbeit** genutzt werden, falls irgendwann andere Maßnahmen zur Verhaltensänderung oder auch Ordnungsmaßnahmen auf den Weg gebracht werden sollen.

Etwas aufwändiger wird die Dokumentation, wenn **mehrere Lehrkräfte an dem Trainingsprogramm beteiligt** sind. Dann müssen sich die beteiligten Personen einigen, wie die Dokumentation durchgeführt wird. Bei Verwendung des Nachdenkblatt-Systems könnten beispielsweise die ausgefüllten Blätter an die **federführende Lehrkraft** weitergegeben werden, die die Dokumentationsliste führt. Eine andere Möglichkeit ist die **Verwendung einer zentralen Liste**, in die jede Lehrperson die Vergabe einträgt. Möglichkeiten dazu bietet z. B. auch die Verwendung eines digitalen Klassenbuchs.

Rückmelderitual

Am Ende des Trainingszeitraums melden Sie den Schüler*innen, die sich für die Regeleinhaltung entschieden haben, dies im Rahmen eines Rituals zurück. Dabei erhalten die Schüler*innen, die das Trainingsziel erreicht haben, **die angekündigte positive Verstärkung.** Im Rahmen der Planung sollte die Rückmeldung an die Schüler*innen unbedingt bereits mitgeplant werden. Denn dazu brauchen Sie **einen festen Zeitpunkt**, den Sie den Schüler*innen möglichst schon vor dem Training mitteilen. Sinnvoll ist es, **die Rückmeldung unmittelbar an den Trainingszeitraum anschließen zu lassen** – oder zumindest sollten sie so nah wie möglich beieinanderliegen. Wenn Zeit und Raum es zulassen, kann auch **eine andere Sitzordnung** gewählt werden, die signalisiert, dass man nun gemeinsam ins Gespräch geht. Dazu eignet sich z. B. ein Stuhl- oder Sitzkreis. Ist in der Klasse der Klassenrat eingeführt, kann das Rückmelderitual auch zu Beginn der Klassenratssitzung durchgeführt werden.

Praxisbeispiel Primarstufe (Klasse 2)

Schritt 1: Trainingsregel festlegen
Die Klassenlehrkraft hat als Trainingsregel formuliert:
„Ich rede nur, wenn ich dran bin!"

Schritt 2: Verstärker auswählen
Brainstorming: Sticker, kleine Süßigkeiten, eine Lesestunde mit der Lehrkraft, eine Spielstunde
Am liebsten: kleine Süßigkeiten aus der (schon vorhandenen) Schatzkiste, eine Spielstunde

Schritt 3: Logische Folge festlegen
Verlassen der Unterrichtssituation; Sitzen an einem extra Tisch ohne Sichtkontakt

Schritt 4: Ein System wählen
Das Grüne-Karten-System

Schritt 5: Reaktionsmuster festlegen
Bei jede*r Schüler*in liegen zwei grüne und zwei gelbe Karten (als Stapel grün oben, gelb unten) auf dem Tisch. Bei Missachtung der Regel im Unterricht nimmt die Lehrkraft jeweils die oberste Karte weg.
Sind alle Karten weg, geht der*die Schüler*in an den Nachdenktisch und füllt das Nachdenkblatt aus. Der*die Schüler*in gibt das ausgefüllte Blatt am Ende der Stunde bei der Lehrkraft ab.
Besonderheit: Solange noch eine Karte da liegt, kann der*die Schüler*in durch gute Regeleinhaltung eine Karte zurückbekommen.

Schritt 6: Sonstige Festlegungen treffen
Trainingszeitraum: zunächst 10 Minuten, späteres Ziel: eine Schulstunde
Anforderungen: Alle Schüler*innen, die am Ende des Trainingszeitraums eine grüne Karte auf dem Stapel haben, erhalten den Verstärker (sich etwas aus der Schatzkiste nehmen).
Dokumentation: nicht erforderlich (für die Klassenlehrkraft: die notieren, die gar keine Karte mehr hatten)
Rückmeldung: am Ende der jeweiligen Stunde 5 Minuten für die Schatzkiste einplanen

Praxisbeispiel Sekundarstufe (Klasse 6)

Schritt 1: Trainingsregel festlegen
Die Klassenlehrkraft hat als Trainingsregel formuliert:
„Ich melde mich, wenn ich etwas sagen will, und rede nur, wenn ich die Erlaubnis dazu habe!"

Schritt 2: Verstärker auswählen
Brainstorming: kleine Süßigkeiten, Spielen im Sportunterricht, Schulhausübernachtung, mit der Lehrkraft die Mittagspause verbringen
Am liebsten: kleine Süßigkeiten, Spielen im Sportunterricht, evtl. Schulhausübernachtung

Schritt 3: Logische Folge festlegen
Verlassen der Unterrichtssituation, Aufenthalt laut Schattenstundenplan bei einem Kollegen bzw. einer Kollegin, selbstständiges Nachholen des Unterrichtsinhalts

Schritt 4: Ein System wählen
Das Nachdenkblatt-System

Schritt 5: Reaktionsmuster festlegen
Bei Missachtung der Regel im Unterricht fragt die Lehrkraft den*die betreffende*n Schüler*in:

„Was tust du gerade?"
„Wie heißt die Regel?"
„Wofür entscheidest du dich?"

Entscheidet sich der*die Schüler*in für

- a) **Einhaltung der Regeln**, darf er im Unterricht bleiben (Name wird unter einem gelben Blatt an der Tafel vermerkt). Die nächste Übertretung dieser Regel bedeutet dann, dass der*die Schüler*in den Klassenraum verlässt. (siehe b)

- b) **Nichteinhaltung der Regel**
    ➡ Schüler*in wird zu einem Kollegen bzw. einer Kollegin geschickt und füllt das Nachdenkblatt aus. Er*sie muss den versäumten Stoff selbstständig nachholen.
    Der*die Schüler*in gibt das ausgefüllte Blatt am Ende der Stunde bei der Lehrkraft ab.

Schritt 6: Sonstige Festlegungen treffen
Trainingszeitraum: eine Woche, späteres Ziel: zwischen zwei Ferienabschnitten

Anforderungen: Schüler*innen, die max. ein Nachdenkblatt im Trainingszeitraum ausgefüllt haben, dürfen an einer 30-minütigen-Spieleinheit im Sportunterricht teilnehmen.
Dokumentation: Eintragen der Anzahl der Nachdenkblätter in die Dokumentationsliste
Rückmeldung: zu Beginn der auf den Trainingsabschnitt folgenden Sportstunde

Mit Schritt 6 ist die eigentliche Planung des Trainings nun abgeschlossen.

Ankündigung oder Trainingsvereinbarung

Sind alle Details in den Schritten 1 bis 6 festgelegt, müssen Sie noch entscheiden, wann das Training beginnen soll (Datum und Unterrichtsstunde) und wie und wann **die Information über das Training** an die Schüler*innen erfolgen soll. Dabei können Sie entweder „verkünden", dass nun ein Training stattfinden wird **(Ankündigung)** oder Sie können den Schüler*innen ein Training vorschlagen und anschließend deren Zustimmung dazu einholen **(Trainingsvereinbarung)**. In beiden Fällen stellen Sie den Schüler*innen die Einzelheiten des Trainings vor. Sie **visualisieren** möglichst die **zu trainierende Regel** und erklären, wie **die Reaktion auf die Übertretung der Regel** sein wird, aber auch, was die Schüler*innen davon haben, wenn sie sich an die Regel halten. Wichtig ist, dass dabei der Fokus auf **die angenehmen Folgen der Regeleinhaltung** gelegt und gleichzeitig die **Selbstverantwortung der Schüler*innen** („*Du hast es selbst in der Hand!*") angesprochen wird.

Hat die Klasse noch große Schwierigkeiten, die zu trainierende Regel einzuhalten, sollten Sie **die Form der Ankündigung** wählen. In diesem Fall geht es auch darum, dass Sie signalisieren, dass Sie nun **das Heft des Handelns** übernehmen und das Feld **nicht den „lauten" Schüler*innen überlassen werden**, die das Lernen für die Regeln einhaltenden Schüler*innen manchmal sogar ganz unmöglich machen. Je mehr Sie den Eindruck haben, dass die Klasse nicht nur in Ihrem Unterricht, sondern auch in anderen Fächern laut und undiszipliniert ist, umso mehr sollte **die Kooperation** mit den in der Klasse unterrichtenden Kolleg*innen gesucht werden.

Wird das Training gemeinsam geplant und durchgeführt, bietet sich auch **eine gemeinsame Ankündigung** an. In manchen Klassen ist allein die gemeinsame Ankündigung von einem Teil oder sogar allen Lehrkräften der Klasse **für die Schüler*innen so beeindruckend**, dass sie fortan die Trainingsregel quasi ohne Training einhalten. Eine gemeinsame Ankündigung ist deshalb so wirkungsvoll, weil die Schüler*innen (vielleicht zum ersten Mal) die Lehrkräfte als Einheit erleben, die **eine gemeinsame Linie verfolgen und umsetzen**. Ein Gegeneinander-Ausspielen, wie manche (ältere) Schüler*innen es hervorragend beherrschen, wird wesentlich schwieriger, ja sogar ganz unmöglich, wenn die teilnehmenden Kolleg*innen sich gut absprechen.

Bei der **Trainingsvereinbarung** mit der Klasse geht es stärker darum, die Schüler*innen selbst einzubinden. **Ausgehend von ihren eigenen Erfahrungen** („*Es ist laut in der Klasse.*", „*Ich bekomme Kopfweh wegen der Lautstärke.*", „*Man kann weiter hinten gar nichts verstehen.*", „*Man kann sich nicht konzentrieren, wenn man arbeitet.*" usw.), machen Sie einen Vorschlag und stellen das Trainingsprogramm vor, mit dem man **gemeinsam an einer ruhigeren Lernatmosphäre arbeiten** will. In der Regel stimmen die Schüler*innen diesem Vorschlag zu, da die meisten lernbereiten Schüler*innen ebenfalls unter der Unruhe im Klassenzimmer leiden.

Auf jeden Fall sollte die **Ankündigung bzw. das Gespräch zur Trainingsvereinbarung** vorher **wörtlich vorformuliert** werden, damit Sie in der Situation die richtigen Worte wählen und den richtigen Fokus (auf die angenehmen Folgen der Regeleinhaltung) behalten. Formulierungen wie „Strafe", „rausschmeißen" oder „sich unmöglich benehmen" sollten tabu sein. Stattdessen sollten die logischen Folgen aus **Entscheidungen** sowie die **Trainingssituation im Vordergrund stehen** („*Das können manche noch nicht so gut, aber gemeinsam lernen wir das.*").

Eine Ankündigung könnte wie folgt formuliert sein:

Ankündigung (Beispiel)

„Wir haben ja alle schon gemerkt, dass es oft zu laut im Unterricht ist, weil jemand redet, ohne dass er aufgerufen wird, weil er mit anderen spricht oder Kommentare macht.

So kann ich keinen guten Unterricht machen und das ist meine Pflicht als Lehrer*in. Mir ist es wichtig, dass ihr alle in meinem Unterricht so viel wie möglich lernen könnt.

Deswegen werden wir ab sofort eine Regel trainieren, damit wir alle hier unsere Aufgabe erledigen können. Ich werde streng sein und darauf achten, dass diese Regel (Regel als Plakat präsentieren) von allen eingehalten wird.
Jede*r von euch **kann** diese Regel einhalten, das weiß ich. Viele tun das ja jeden Tag und ich möchte, dass es sich für diese Schüler*innen auch lohnt. Sie sollen etwas davon haben (Ankündigen, was die Schüler*innen davon haben werden. Gerne auch ein bisschen ausschmücken!).

Nun gibt es hier auch manchmal Schüler*innen, die die Regel noch nicht so gut einhalten können. Unser Training soll ihnen dabei helfen, es zu lernen. Nun könnte es ja sein – was ich aber nicht glaube –, dass jemand die Trainingsregel gar nicht einhalten **will**. Dann nehme ich die Entscheidung ernst. Allerdings muss ich dann trotzdem meine Pflicht tun und denen ruhigen Unterricht ermöglichen, die das wollen.

Ich erkläre euch jetzt, wie das geht.

(Trainingsplan vorstellen; siehe Kapitel 5 „Formulierung des Trainingsplans", S. 119)

Habt ihr Fragen?"

Neben der Planung, wann und wie **die Schüler*innen informiert** werden, sollten Sie überlegen, ob auch **eine Information der Eltern** sinnvoll ist. Die Information der Eltern sollte vorgesehen werden, wenn es **zuvor Beschwerden aus der Elternschaft** gab oder wenn **die Folgen aus der Regelübertretung** mit selbstständiger Nacharbeitung der Unterrichtsinhalte einhergehen. Bei einem Elternabend können Sie das Trainingsprogramm vorstellen und den Eltern das Vorgehen transparent darlegen. Meist befürchten Eltern, ihr Kind könnte **unfair behandelt** werden. Diese Angst kann durch die **Elterninformation** genommen werden. Darüber hinaus können die Eltern eingeladen werden, das Training dahin gehend zu unterstützen, dass sie es **zu Hause positiv begleiten** (siehe dazu auch Kapitel 6 „Was sonst noch wichtig ist", S. 143).

Formulierung des Trainingsplans

Bevor es tatsächlich losgeht, empfiehlt es sich, das Wichtigste auf einer Seite zusammenzufassen. **Diese schnelle Übersicht** hilft Ihnen selbst, den Trainingsplan und das Wichtigste auf einen Blick im Auge zu behalten (siehe Planungshilfe 5). Sie können ihn darüber hinaus an die (älteren) Schüler*innen verteilen, damit sie transparent im Vorfeld **über die Trainingseinzelheiten informiert** sind. Auch die **Information an die Eltern**, sofern gewünscht, kann damit kurz und bündig präsentiert werden.

Planen Sie eine gemeinsame Trainingsaktion durch mehrere Lehrkräfte in ihren jeweiligen Fächern, so unterstützt der Trainingsplan, dass **alle auf dem gleichen Informationsstand** sind und jede*r genau weiß, was zu tun ist. Gemeinsames, bei den teilnehmenden Lehrkräften **gleiches Handeln** führt zu einem **schnelleren Trainingserfolg** und verhindert, dass Schüler*innen die Lehrkräfte durch unterschiedliche Informationen aus dem Konzept bringen („*Bei Herrn Meyer müssen wir aber kein Nachdenkblatt ausfüllen.*"). Für Fachlehrkräfte, die in vielen Klassen unterrichten, erleichtert der Trainingsplan ein **schnelles Update über die Gegebenheiten und Vereinbarungen** für die Lerngruppe. Ein Beispiel für einen Trainingsplan zeigt die Abbildung „Beispiel Trainingsplan" (S. 120). Ein Blankoformular für den Trainingsplan finden Sie im Download Planungshilfe 5.

Beispiel Trainingsplan

Kopiervorlage | Planungshilfe 5

Trainingsplan

Klasse: 6

Material: Visualisierte Trainingsregel, Nachdenkblatt, Fragenabfolge

Regel	Verstärkung bei Einhaltung	Logische Folge und Vorgehen bei Nichteinhaltung
Ich rede nur, wenn ich aufgerufen bin.	Nur ein Nachdenkblatt im Trainingszeitraum = Teilnahme an einer 30-Minuten-Spieleinheit im Sportunterricht Trainingszeitraum: 1 Woche Ankündigung am Fr 14.1.; 4. Std. Gültigkeit ab dem Zeitpunkt der Ankündigung	Bei Missachtung der Regel im Unterricht fragt die Lehrkraft den*die betreffende*n Schüler*in: (siehe Fragenabfolge) „Was tust du gerade?" „Wie heißt die Regel?" „Wofür entscheidest du dich?" Entscheidet sich der*die Schüler*in für a) **Einhaltung der Regel**, darf er dableiben (Name ggf. an der Tafel vermerken). Die nächste Übertretung dieser Regel bedeutet dann, dass der Klassenraum verlassen wird. siehe Nichteinhaltung b) **Nichteinhaltung der Regel** ➔ Schüler*in sitzt bei einem Kollegen bzw. einer Kollegin und füllt das Nachdenkblatt aus. Er*sie muss den versäumten Stoff <u>selbstständig</u> <u>nachholen</u>. Der*die Schüler*in gibt das ausgefüllte Blatt bei der Lehrkraft ab, die es an die Klassenlehrkraft weiterleitet.

Am Ende der Beobachtungswoche teilt die Klassenlehrkraft mit, wer an der Spielzeit teilnehmen darf (mit Lob und Ermutigung für die, die sich an die Regel gehalten haben und ohne weiteren Kommentar für die anderen).

Das ANTI-LAUT PROGRAMM

© Verlag an der Ruhr | Autorenteam: Eva Blum, Hans-Joachim Blum | ISBN 978-3-8346-4785-6 | www.verlagruhr.de

Durchführung

Die Vorarbeit ist geleistet. Nun kann es losgehen. Es beginnt mit der **Ankündigung** bzw. der **Trainingsvereinbarung**. Dabei wird auch der Starttermin des Trainings bekannt gegeben.

Mit dem Start sollten ggf. notwendige **Materialien** (farbige Kärtchen, Nachdenkblätter, Dokumentationslisten) vorbereitet sein. Wie bereits erwähnt, ist es auch hilfreich, die **Trainingsregel im Blickfeld** der Schüler*innen zu visualisieren. Werden die Schüler*innen gefragt, was ihnen bei der Regeleinhaltung geholfen hat, sagen sie (unter anderem), dass sie durch *„das große Regelplakat über der Tafel"* immer wieder daran erinnert wurden, was gerade trainiert werde. Deshalb ist die Visualisierung der Trainingsregel wichtig. In Klassenzimmern gibt es fast immer Plakate, auf denen erarbeitete Regeln stehen – das bedeutet aber noch nicht, dass die Schüler*innen diese verinnerlicht haben oder gar einhalten. **Das Hervorheben der einen Trainingsregel** fokussiert die Schüler*innen (und auch die Lehrperson) und hilft ihnen, sich selbst so zu steuern, dass sie das gewünschte Verhalten öfter zeigen.

In der Durchführung sind meist die ersten Tage die schwierigsten und anstrengendsten. Sie müssen sich darauf einstellen, dass sie nun **selbst konsequent bei dem angekündigten Verhalten bleiben** müssen, auch wenn es vielleicht eine*n Schüler*in trifft, der*die (nach der eigenen Wahrnehmung) sonst nicht durch lautes Verhalten auffällt. Manche Schüler*innen testen auch gerne einmal, ob Sie das, was Sie angekündigt haben, einhalten, und verhalten sich gezielt „laut". Nun können Sie **Ihre Verlässlichkeit zeigen**. Sie sollten **ohne Emotionen** sachlich bei dem **angekündigten Ablauf** bleiben – und konsequent darauf hinweisen, dass der*die Schüler*in sich für oder gegen Regeleinhaltung entscheiden kann und es folglich selbst in der Hand hat, welche Folgen entstehen. Sie sollten auch immer wieder ohne Ironie, sondern ganz ehrlich **Ihr Bedauern ausdrücken**, wenn ein*e Schüler*in sich entscheidet, die Regel nicht einzuhalten und den Unterricht folglich verlassen muss. Dies könnten Sie folgendermaßen formulieren: *„Ich respektiere deine Entscheidung, dich nicht an unsere Trainingsregel zu halten. Allerdings hätte ich dich viel lieber hier im Unterricht."* Erfahrungsgemäß wird es nach den ersten Tagen, in denen die Schüler*innen und Sie sich an die **neue strenge Beachtung** der Regeleinhaltung gewöhnen müssen, leichter. Sie entwickeln eine **gewisse Routine**, die Schüler*innen wissen, dass Sie das Angekündigte einhalten – und so entscheiden sich immer mehr Schüler*innen für die Regeleinhaltung. Für alle wird spürbar, dass durch das Training **die Unterrichtsatmosphäre ruhiger und entspannter** wird. Es ist hilfreich, wenn der erste Trainingszeitraum so gewählt wurde, dass nun schnell die Rückmeldung (siehe S. 124) und damit die Verstärkung oder Belohnung erfolgt. Die Schüler*innen erfahren dadurch nicht nur **eine Wertschätzung ihrer Anstrengung**, sondern sie erleben auch, dass sie ihr **Handeln selbstwirksam steuern können**. Immer wieder kommt es vor, dass selbst Schüler*innen, die sonst nicht durch Steuerungsfähigkeit auffallen (wie z. B. Schüler*innen mit ADHS-Symptomatik), eine **hohe Motivation** aufbringen und zumindest immer öfter ein **regelkonformes Verhalten** zeigen.

Im ersten Trainingszeitraum zeigen sich meist auch **Schwachstellen des Trainingsplans** (siehe dazu auch Kapitel 6 „Stolpersteine und Fallen", S. 133). So zeigt sich z. B., ob der Nachdenkplatz praktikabel und die Dokumentation für Sie mit angemessenem Aufwand leistbar ist oder ob die Anzahl der grünen und gelben Kärtchen passend gewählt ist. Stellt sich heraus, dass Änderungen notwendig werden, sollten mit Beginn des zweiten Trainingszeitraums **die nötigen Anpassungen** vorgenommen und diese den Schüler*innen auch mitgeteilt werden.
Das geschieht am besten nach Beendigung des Rückmelderituals, wenn der Ausblick auf den nächsten Trainingszeitraum gegeben wird.

Der zweite Trainingszeitraum sollte dann **noch einmal dieselbe Zeitspanne** umfassen wie der erste, damit auch die Schüler*innen, die möglicherweise das gesetzte Ziel knapp verfehlt haben, im zweiten Durchgang **eine realistische Chance** haben, dieses zu erreichen. Ein sofortiges Verlängern des Zeitraums, in dem die Schüler*innen sich eine Verstärkung oder Belohnung erarbeiten können, oder die Erhöhung der Anforderungen erweckt schnell den Eindruck, dass Sie als Lehrperson eigentlich gar nicht möchten, dass es alle schaffen. Das aber sollte genau das Ziel sein, dass **alle Schüler*innen** erleben, dass sie **in der Lage** sind, die Trainingsregel einzuhalten.

Ist der erste Trainingszeitraum gut gelaufen, lässt manchmal bei Lehrkraft und Schüler*innen die Anstrengung nach – nach dem Motto: *„Wir haben es ja geschafft, jetzt müssen wir uns nicht mehr anstrengen."* Hier müssen Sie gut aufpassen, dass Sie ein positives Beispiel abgeben und nicht nachlässig werden, indem Sie z. B. über Störungen und Zwischenrufe hinweggehen und diese nicht mehr konsequent benennen. Hier gilt es, weiterhin **konsequent im Trainingsmodus** zu bleiben.

Ob **der dritte Trainingszeitraum** dann einen längeren Zeitraum umfasst, hängt davon ab, wie sich das Training entwickelt. Haben die meisten oder gar alle Schüler*innen das gesteckte Trainingsziel erreicht, kann eine Verlängerung des Trainingszeitraums ins Auge gefasst werden. Hier können auch die Schüler*innen **in die Entscheidung miteinbezogen** werden, da ja aufgrund der Regeleinhaltung in der Klasse ein ruhiges

Gespräch, bei dem man sich gegenseitig zuhört, nun möglich ist. Meist plädieren die Schüler*innen **für eine Verlängerung des Trainingszeitraums** und häufig haben sie auch **eigene Ideen für die Verstärkung oder Belohnung**. Unseren Erfahrungen nach haben die Schüler*innen häufig auch **ein gutes Gespür für die Angemessenheit** der Verstärkung oder Belohnung. Ihnen ist klar, dass die Einhaltung der Regel über einen kurzen Trainingszeitraum nicht zu einer großen Belohnung oder Verstärkung führen kann. Je mehr die Schüler*innen in die **Weiterentwicklung des Trainings** einbezogen werden, desto mehr wird das Training auch zu einem Projekt, welches die Klassengemeinschaft stärkt.

In den vielen von uns durchgeführten Trainings hat sich gezeigt, dass der Erfolg des Trainings gerade zu Beginn davon abhängt, wie **konsequent** die Lehrperson **den eigenen Trainingsplan verfolgt** und anwendet. Besonders in sehr unruhigen Klassen sind die Schüler*innen manchmal mehr als erstaunt, dass Lehrkräfte die von ihnen bisher als „locker" wahrgenommen wurden, nun plötzlich „streng" sind. Gerade ältere Schüler*innen lehnen sich dann anfangs manchmal dagegen auf. Hier sollten Sie **unbedingt standhaft bleiben**. Es ist allerdings auch zu berücksichtigen, dass **eine ganz strenge Konsequenz** im Unterrichtsalltag nicht dauerhaft zu leisten ist. Deshalb empfiehlt es sich, **nach einer Phase intensiven Trainings** einer Regel entweder zu einer neuen Trainingsregel zu wechseln oder das Training an der gewählten Regel auszusetzen. Den Schüler*innen können Sie erklären, dass die Regeleinhaltung nun gut funktioniere und Sie davon ausgehen, dass es ab jetzt auch ohne Hilfe durch das Regeltraining mit der Einhaltung funktionieren werde. Dies wolle man nun ausprobieren.

In den meisten Klassen konnte das Training nach einigen Trainingszyklen tatsächlich beendet werden. Die Lehrkraft wies zukünftig nur darauf hin, dass man selbstverständlich immer wieder mit dem Training beginnen könne, wenn Schüler*innen und Lehrperson es für nötig hielten. In unserer Arbeit mit lauten Schulklassen haben wir zunehmend den Eindruck, dass das **Wissen um ein Hilfsmittel** (*„Wir können ja wieder trainieren."*) dazu führt, dass die Schüler*innen **ihre Selbststeuerungsfähigkeit wieder verstärken** – so als würden sie sich selbst sagen: *„Das können wir auch ohne Training!"* In manchen Klassen wurde das Training aber auch einfach für einen begrenzten Zeitraum wieder aufgenommen – meist, weil die Schüler*innen es selbst als hilfreich betrachteten, wenn sie Unterstützung in Form des Trainings bekamen. So äußerten die Schüler*innen häufig, dass **die klare Struktur des Trainings** ihnen helfe, sich besser an die Regel zu halten. Die Verstärkung war hingegen nur für einen kleinen Teil der Schüler*innen das wichtigste Element.

Rückmeldung

Ist der erste Trainingszeitraum beendet, erfolgt die Rückmeldung an die Schüler*innen, so wie vorgeplant und angekündigt (siehe S. 113). Gerade am Anfang sollte das nicht zwischen Tür und Angel geschehen, sondern mit genügend Zeit, damit die Leistung der Schüler*innen ausreichend gewürdigt werden kann. Dabei ist zu beachten, dass Sie für jede*n Schüler*in, der*die das gesteckte Ziel erreicht hat, noch einmal kurz beschreiben (nicht bewerten!), was der*diejenige geschafft hat. Sie sollten dabei unbedingt **Person und Verhalten trennen**. Also nicht: *„Du bist clever/super/toll/…"*, sondern: *„Du hast die Trainingsregel… über den Trainingszeitraum eingehalten. Ich bin beeindruckt."* Bewerten Sie die Person als Ganzes (*„Du bist super!"*), kann sich das Lob sehr schnell in Demotivation verwandeln, wenn der*die Schüler*in es einmal nicht oder noch nicht schafft, die Trainingsregel einzuhalten. Dann könnte das so verstanden werden, als ob diese*r Schüler*in kein liebenswerter, kluger, fähiger Mensch sei.

> **TIPP**
> Am besten überlegen Sie sich ein paar Formulierungen als Ich-Mitteilung, die Sie bei der Rückmeldung einbringen möchten.
> **Beispiel:** *„Ich bin beeindruckt* (Alternativen: *stolz, froh, zufrieden, überrascht* – oder ein anderes Gefühl), *dass so viele Schüler*innen meiner Klasse das Trainingsziel erreicht haben."*

Bei der Rückmeldung wird stets **nur das Gelungene in den Blick genommen** (also keine Aufmerksamkeit – auch keine negative – für diejenigen, denen die Einhaltung [noch] nicht gelungen ist). Das bedeutet, dass die Schüler*innen, die das Trainingsziel erreicht haben, neben der Verstärkung **viel positive Aufmerksamkeit** erhalten. Sie stehen jetzt im Mittelpunkt. Jede*r einzelne wird genannt und erhält die Verstärkung oder Belohnung. Gerne können Sie je nach Klasse auch **eine emotionale Intensivierung** durch Klatschen oder ein gemeinschaftliches „Daumen hoch" vornehmen.

Diejenigen, **die das Trainingsziel (noch) nicht erreicht haben**, werden nicht mit Aufmerksamkeit belohnt. Als Lehrkraft sollten Sie sich insbesondere mit **wertenden Aussagen** zu diesen Schüler*innen (wie etwa: *„Ist ja klar, dass du es wieder nicht geschafft hast."*) zurückhalten. Sie würden dadurch **negative Aufmerksamkeit** erhalten, die manche dieser Schüler*innen noch bestärkt. Das **Nichterreichen des Trainingsziels** wird daher gar nicht thematisiert, was nicht immer einfach für die Lehrperson ist, da wir alle ja meist das nicht regelkonforme Verhalten als „störend" wahrnehmen und uns darauf fokussieren. Es ist also wichtig, ganz gezielt **die eigene Aufmerksamkeit** (und damit auch die der Schüler*innen) auf **gelungene Regeleinhaltung** zu richten.

Möglich ist dagegen, ab dem zweiten Trainingszeitraum **positive Entwicklungen zu thematisieren**. Hat beispielsweise ein*e Schüler*in im ersten Trainingszeitraum das Ziel weit verfehlt, hat sich aber im nächsten so verbessert, dass zwar die Verstärkung noch nicht verteilt werden kann, diese aber nun in Sichtweite ist, sollten Sie dies als **positiven Fortschritt** würdigen und gleichzeitig ermutigen, dass das Ziel im nächsten Trainingszeitraum erreicht werden kann: *„Ich sehe, dass du die Regel in diesem Zeitraum deutlich besser eingehalten hast. Das ist ein toller Schritt vorwärts. Ich bin beeindruckt. Es reicht zwar noch nicht ganz für die Belohnung, aber ich bin mir sicher, dass du es im nächsten Trainingszeitraum schaffst."*

Am Ende jedes Rückmelderituals wird die Klasse auf den **nächsten Trainingszeitraum** eingestimmt. Jetzt können Sie **Änderungen** in der Dauer des **Trainingszeitraums**, bei den **Anforderungen** oder bei den **Verstärkungen** entweder mit den Schüler*innen besprechen oder sie bekannt geben. In diesem Setting kann auch das Ende oder das Ruhenlassen des Trainings besprochen oder angekündigt werden, wenn die Situation sich so verbessert hat, dass Sie und die Schüler*innen damit zufrieden sind. Auch eine andere Trainingsregel kann gewählt werden.

Unserer Erfahrung nach erzielen die meisten Klassen schon **in kurzer Zeit deutliche Verbesserungen bei der Regeleinhaltung**. Manche Klassen entwickeln einen **sportlichen Ehrgeiz**, auch weitere Regeln zu erlernen und sich immer wieder andere Verstärker zu erarbeiten. In diesen Klassen entsteht dann auch **eine neue, inspirierende Lernatmosphäre**. Andere Klassen reagieren eher zurückhaltend und testen zunächst die Verlässlichkeit der Lehrperson. Hier ergibt sich manchmal zunächst eine „Erstverschlechterung". In diesem Fall ist es wichtig, am Ball zu bleiben und das Trainingsprogramm sachlich und zuversichtlich weiterzuführen. **Sachlich** bedeutet, dass Sie bei Beschreibungen bleiben und auch negative Gefühle, wie Wut oder Ärger, angemessen unter Nutzung einer wertschätzenden Sprache äußern. **Zuversichtlich** bedeutet, dass Sie den Schüler*innen immer wieder signalisieren, dass Sie selbst ganz sicher sind, dass die Schüler*innen es schaffen werden, die Trainingsregel einzuhalten. Dies können Sie am besten mit „noch nicht" formulieren: *„Manche haben es noch nicht geschafft, die Regel einzuhalten."* Dies signalisiert: *„Ich bin mir sicher, dass ihr es bald schafft."*

6. Planung für die eigene Klasse

Sicher haben Sie nun schon eine Vielzahl von Ideen für Ihre eigene Lerngruppe entworfen, während Sie die vorangehenden Kapitel gelesen haben. Nun können Sie ganz konkret beginnen, das Anti-Laut-Programm für Ihre Klasse zu planen.

Es empfiehlt sich, das Trainingsprogramm so zu planen, dass auf jeden Fall **der erste Trainingszeitraum vollständig durchdacht** ist. Die weiteren Trainingszeiträume können dann auch noch im Verlauf präzisiert werden. Dabei ist darauf zu achten, dass Änderungen den Schüler*innen jeweils mitgeteilt oder mit diesen gemeinsam vereinbart werden.

Im nachfolgenden Kapitel 6 finden Sie zunächt eine Übersicht der Planungshilfen, welche Ihnen in Kapitel 5 bereits exemplarisch vorgestellt wurden und im ⬇ Zusatzdownload zur Verfügung stehen. Im Anschluss haben wir **mögliche Stolpersteine und Fallen** (siehe S. 133) zusammengestellt, die Ihnen helfen sollen, diese bei der Planung und Umsetzung von vornherein zu vermeiden und angemessen mit diesen umzugehen. Als Abschluss des Kapitels haben wir zusammengetragen, **was sonst noch wichtig ist** (siehe S. 143) sowie einige **frequently asked questions** (siehe S. 146) für Sie beantwortet.

Planungshilfen

Im ⬇ Zusatzdownload finden Sie folgende kopierfertige Planungshilfen, die Ihnen die Planung und Umsetzung Ihres Trainings erleichtern. Den Download-Link finden Sie im Impressum.

Planungshilfe 1: **Schritt-für-Schritt-Anleitung zum Ausfüllen**
Planungshilfe 2: **Bonuspunkteliste**
Planungshilfe 3: **Dokumentationsliste**
Planungshilfe 4: **Nachdenkblatt** a) für jüngere Schüler*innen
                                      b) für ältere Schüler*innen
Planungshilfe 5: **Trainingsplan**
Planungshilfe 6: **Kurzversion der Schritt-für-Schritt-Planung**

Damit Sie sofort mit der Planung beginnen können, fügen wir hier die Kurzversion der Schritt-für-Schritt-Planung (⬇ Planungshilfe 6) direkt an.

Schritt 1: Trainingsregel formulieren

Verhalten, das Lautstärke oder Unruhe produziert, ohne Wertung beschreiben und priorisieren. Erwünschtes Verhalten als Regel formulieren. Wie heißt Ihre Trainingsregel?

....

....

Schritt 2: Verstärker auswählen

Überlegen Sie, wie Sie diejenigen Ihrer Schüler*innen bestärken möchten, die die Regel einhalten. Hier ist Platz für Ihr Brainstorming:

....

....

....

Wählen Sie nun einen oder auch mehrere mögliche Verstärker aus, die Ihre Schüler*innen motivieren würden und die Ihnen passend erscheinen.

....

....

Schritt 3: Logische Folge festlegen

Welche logischen Folgen sind für Sie realisierbar?

....

....

....

Schritt 4: Ein System wählen

Mit welchem System möchten Sie arbeiten? (z. B. das Grüne-Karten-System, das Nachdenkblatt-System, das Bonuspunkte-System)

....

....

....

Schritt 5: Reaktionsmuster festlegen

Was genau werden Sie sagen und/oder tun, wenn ein*e Schüler*in die Trainingsregel übertritt? Schreiben Sie es auf und probieren Sie es aus!

....

....

....

....

....

Schritt 6: Sonstige Festlegungen treffen

- **Trainingszeitraum und Anforderungen:**
  Wie lang soll Ihr erster Trainingszeitraum sein?

....

....

Welche Anforderungen müssen in diesem Zeitraum erreicht werden, um den Verstärker zu erhalten?

....

....

....

....

- **Dokumentation:**
  Wie werden Sie dokumentieren? (z. B. Eintrag in die Dokumentationsliste bei Nachdenkblatt, Bonuspunkteliste etc.)

....

....

- **Rückmelderitual:**
  In welchem Setting und zu welchem Zeitpunkt werden Sie die Rückmeldung geben?

....

....

Ankündigung oder Trainingsvereinbarung

Wann soll das Training starten?

....

Möchten Sie eine Ankündigung machen oder eine Trainingsvereinbarung beschließen?

....

Hier können Sie Ihre Ankündigung vorformulieren.
Am besten auch einmal laut vorsprechen!

Stolpersteine und Fallen

Wie jedes Lernprogramm, das mit Menschen zu tun hat, gibt es auch für das Anti-Laut-Programm keine hundertprozentige Garantie auf Erfolg. Durch **gute Planung** und **das Wissen um Fallstricke** können Sie jedoch die **Aussicht auf eine erfolgreiche Durchführung** erhöhen. Im Folgenden haben wir die wichtigsten Stolpersteine und Fallen zusammengetragen.

▎Nicht tun, was Sie angekündigt haben

Das Anti-Laut-Programm entfaltet dann seine **größte Wirksamkeit**, wenn die Lehrkraft zunächst transparent ankündigt, was trainiert wird, **welche Handlungsoptionen** die Schüler*innen haben und **welche Folgen** sich daraus ergeben, und danach genau das tut, was sie vorher angekündigt hat.

Wenn Sie zwar eine gelungene Ankündigung machen, dann aber bei nächster Gelegenheit anders handeln, ist alle Mühe vergeblich. Die Schüler*innen lernen dann nämlich, dass die Lehrkraft zwar viel ankündigt, aber nicht danach handelt. Diese Erfahrung machen Schüler*innen auch in ihrem sonstigen Leben nicht selten mit **Erwachsenen**. Sie erleben, dass da viel Gerede ist und manchmal auch der erhobene Zeigefinger, dass aber mehr nicht passiert. Daraus ziehen sie die Erkenntnis, dass die Erwachsenen ohnehin meist nur reden – und man dies getrost ignorieren könne, weil sie das Gesagte ja ohnehin „nicht so ernst meinen". Damit einher geht für die Schüler*innen auch häufig der naheliegende Schluss, dass die Erwachsenen nicht verlässlich sind. Wer schon nicht tut, was er zuvor versprochen hat, ist auch sonst kein*e verlässliche*r Gesprächs- oder Handlungspartner*in. Schüler*innen in lauten Schulklassen brauchen häufig aber gerade **ein verlässliches Gegenüber**, auch wenn sie selbst diese Verlässlichkeit (noch) nicht an den Tag legen. Sie brauchen den*die **stabile*n Beziehungspartner*in**, welche*r ihnen als Erwachsene*r verlässlich Halt und Orientierung gibt. Diese Verlässlichkeit zeigt sich nicht im Nachgeben, sondern im **Präsentsein und Durchhalten** auch in **konflikthaften Situationen**.

Im pädagogischen Bereich geht mit dem „Nicht tun, was man angekündigt hat" häufig auch ein **Autoritäts- und Respektverlust** einher. Lehrkräfte sind heutzutage nicht mehr per se Autoritäts- und Respektperson, sondern müssen sich beides erarbeiten. Kündigt die Lehrperson etwas an und führt es dann nicht durch, untergräbt sie ihre eigene Autorität. Umgekehrt kann die **konsequente Durchführung** des Trainingsprogramms dazu führen, dass die Schüler*innen die Lehrkraft fortan als **Autoritätsperson** erleben und ihr Respekt zollen.

Zu Beginn zu hohe Ziele setzen

Jede*r, der*die weiß, wie anstrengend die Arbeit in einem **lauten Umfeld** ist, versteht, dass man gerne schnellstmöglich das Ziel einer „ruhigen" Klasse erreichen will. Denn so macht die Arbeit als Lehrperson wieder mehr Freude und auch die Schüler*innen sind **ohne Lärmpegel** in der Regel entspannter. Dennoch ist es für den Erfolg des Trainingsprogramms nicht hilfreich, gleich zu Anfang hohe Anforderungen zu stellen. Ziel des Anti-Laut-Programms ist es ja, auch die Selbststeuerungsfähigkeit der Schüler*innen zu fördern und zu erweitern. Dies gelingt aber nur, wenn die Schüler*innen sich selbst als wirksam in Bezug auf ihr eigenes Verhalten erleben. Schüler*innen, die noch sehr **wenig zur Selbststeuerung fähig** sind, brauchen daher **viele kleine Zwischenziele**, damit sie sich als selbstwirksam erleben können. Ist das Trainingsziel gleich zu Beginn zu hoch angesetzt, sind sie frustriert und geben auf.

Als Beispiel kann vielleicht dienen, dass Sie sich selbst vorstellen, Sie sollen Hochsprung lernen und die Trainingsleitung legt die Latte gleich auf 1,80 m. Da wird niemand, der nicht schon Profi ist, anfangen, zu üben, weil er sich sicher ist, dass diese Höhe für ihn nicht schaffbar ist.

Folglich geht es darum, zunächst solche **Zielschritte** zu wählen, die von einem **Großteil der Klasse** bereits erreicht werden können, damit sich möglichst viele mit auf den Weg machen. Denn nichts motiviert so sehr wie der Erfolg. Merken die Schüler*innen, dass sie es selbst in der Hand haben, das Ziel zu erreichen, und dass es sich lohnt, sich dafür anzustrengen, bleiben sie motiviert und schaffen nach und nach auch **größere Ziele**.

Nur über die „negativen" Folgen sprechen

Bei der Ankündigung bzw. bei der Trainingsvereinbarung stellen Sie dar, welche Folgen die Entscheidung für oder gegen die Einhaltung der Trainingsregel hat. Dabei besteht die Gefahr, dass Sie ausführlich über die „negativen Folgen" der Nichteinhaltung der Regel sprechen. Da unser Schulsystem (immer noch) **überwiegend fehlerorientiert** ist und in vielen Köpfen verankert ist, dass „negative Folgen" zu nachhaltiger Verhaltensänderung führen (was nur sehr bedingt stimmt), geraten Lehrpersonen schnell in die Gefahr, den Fokus darauf zu legen. Allerdings entsteht dadurch bei den Schüler*innen der Eindruck, dass es doch um **Strafe** geht und nicht um ihre **eigene Entscheidung**. Dieser Eindruck sollte unbedingt vermieden werden, da sonst gerade bei älteren Schüler*innen ein großer Widerstand entsteht, der auch immer wieder zu Machtkämpfen (auf die Sie sich nicht einlassen sollten) führt.

Zielführender ist es, die **logischen Folgen** aus der Entscheidung gegen die Regeleinhaltung nur kurz darzustellen und damit zu signalisieren, dass es natürlich eine logische Folge gibt, dass diese aber bestimmt nur sehr selten eintreten wird. Im Gegensatz dazu sollten die **positiven Folgen** bei Regeleinhaltung ausführlich dargestellt werden. So entsteht in den Köpfen der Schüler*innen – neben dem Aspekt der Verstärkung, für die sich die Anstrengung lohnt – auch ein Bild von **angenehmer Arbeitsatmosphäre** und **gutem Miteinander**. Die Hirnforschung zeigt uns, dass solche **positiven Bilder** unsere Wahrnehmung und, daraus folgend, auch unser Handeln verändern helfen.

Die Sprache der Macht verwenden

Das Anti-Laut-Programm baut – wie schon mehrfach erwähnt – darauf auf, **Motivation und Selbstwirksamkeit** zu stärken und dadurch bei den Schüler*innen die nötige **Selbststeuerungsfähigkeit** zu entwickeln. Dies gelingt in der Regel nur, wenn die von der Lehrperson verwendete Sprache dazu passt. Da Sprache immer auch die Wahrnehmung der Wirklichkeit beeinflusst, ist es hilfreich, einmal **die eigene Sprache** genau zu betrachten:

- Was sage ich eigentlich und wie sage ich es?
- Verwende ich eine Sprache, die beschreibend und wertschätzend ist, oder fallen häufig Drohungen oder (negative) Zuschreibungen an die Schüler*innen?
- Ist mein Ton zugewandt oder mit drohendem oder vorwurfsvollem Unterton?
- Spreche ich so, dass positive Bilder hervorgerufen werden oder eher negative?

Im Zusammenhang mit dem Anti-Laut-Programm sollten Sie insbesondere darauf achten, dass **Formulierungen wie z. B. „Strafe" und „rauswerfen"** oder auch „Dann kannst du sehen, wo du bleibst." nicht verwendet werden. Alles, was signalisiert, dass die Schüler*innen **keinen eigenen Handlungsspielraum** haben, sollte vermieden werden. Stattdessen empfiehlt es sich, konsequent **die eigenen Entscheidungsmöglichkeiten des Schülers bzw. der Schülerin** zu betonen. Auch jüngere Schüler*innen können (und wollen) selbst entscheiden, ob sie sich an eine Regel halten oder ob sie dies nicht tun. Ihnen vor Augen zu führen, dass sie selbst entscheiden, ob sie reden oder nicht, und dass diese Entscheidung **Auswirkungen** hat, ist ein wichtiger Schritt auf dem Wege zum selbstverantwortlichen Erwachsenen.

Die **Sprache der Macht** hingegen verstärkt das ohnehin schon häufig vorhandene Gefühl bei Schüler*innen, dass ja *„nur die unfaire Lehrkraft* schuld ist", wenn eine an sich logische Folge eintritt. Dass diese Sichtweise („*Ich habe gar nichts gemacht. Nur der*die Lehrer*in ist so unfair."*) gelegentlich auch **durch das Elternhaus verstärkt** wird, sei unbenommen. Umso wichtiger ist es, dass Sie hier keinen Vorschub leisten und stattdessen erklären, dass es Ihre Pflicht sei, Schüler*innen, die sich an die Regel halten, guten Unterricht zu ermöglichen. Daraus ergebe sich die logische Folge, dass ein*e Schüler*in, der*die sich gegen die Regeleinhaltung entscheide, einen Platz bekomme, an dem er*sie Ihre Pflichtausübung nicht behindere.

Das Verhalten als Angriff verstehen

Die **häufigste Eskalation** in lauten Klassen entsteht dadurch, dass die Lehrperson das regelübertretende Verhalten eines*einer oder mehrerer Schüler*innen in der Klasse als **Provokation** auffasst. Daraus kann ein **Machtkampf** entstehen, der dazu führt, dass beide Seiten immer schwerere Geschütze auffahren. Statt die **Situation zu entschärfen**, solidarisieren sich die anderen Schüler*innen und es wird häufig noch schwieriger, in der Klasse Regeleinhaltung zu erreichen.

Um eine solche Eskalation zu vermeiden, hilft es, wenn Sie sich noch einmal den **Unterschied** zwischen **Beobachtung** und **Interpretation** oder gar **Wertung** bewusst machen.

Beispiel:
Beobachtung: Pauline spricht mit ihrer Sitznachbarin Mailin, während die Lehrkraft, Frau Nowak, die Hausaufgaben erklärt.
Interpretation von Frau Nowak: *„Pauline interessieren die Hausaufgaben nicht."*
Wertung von Frau Nowak: *„Pauline ist mal wieder unmöglich. Sie provoziert mich und will meine Autorität untergraben."*

Der **Unterschied** zwischen **Beobachtung** auf der einen Seite und **Interpretation und Wertung** auf der anderen liegt darin, dass die Beobachtung von jeder Person, die die Szene sieht, zumindest ähnlich gesehen wird. Wir lassen hier einmal außer Acht, dass je nach beobachtender Person möglicherweise noch weitere Details wahrgenommen werden und dass die Aufmerksamkeit der beobachtenden Person selbstverständlich auch gezielt woanders sein kann, sodass „gar nichts" wahrgenommen wird. Stellen wir uns mehrere Kameras vor, die vorn im Klassenzimmer stehen, so würde jede dasselbe aufnehmen.

Die Interpretation hängt nun aber stark von Frau Nowak ab. Sie interpretiert, dass Pauline sich nicht für die Hausaufgaben interessiert. Eine andere Lehrperson würde vielleicht interpretieren, dass Pauline etwas nicht verstanden hat und deshalb ihre Sitznachbarin fragt, eine wieder andere interpretiert vielleicht, dass Pauline heute mutig ist und sich traut, die Sitznachbarin nach einem Radiergummi zu fragen.

Von der Interpretation hängt dann meist auch die Wertung ab. Hier geht es in der Regel um die Entscheidung, ob das Interpretierte **im eigenen Werterahmen** gut oder schlecht, falsch oder richtig ist. Damit wird dem Verhalten eine **moralische Komponente** zugeschrieben, von der aus man sehr schnell bei dem Angriff auf die eigene Person ist. Frau Nowak denkt dann: „*Pauline macht das absichtlich, um mich zu provozieren.*"

Hier ist es nun hilfreich, diese **drei Ebenen** gedanklich zu trennen, und ganz gezielt nur die **Beobachtung in den Vordergrund** zu stellen. Zum Üben können Sie sich einmal in Ruhe das Bild einer Schülerin oder eines Schülers vor Ihr geistiges Auge holen und formulieren:

„*Ich sehe, dass …*" (BEOBACHTUNG)
„***Meine** Interpretion ist …*" (INTERPRETATION)
„***Meine** Bewertung ist …*" (WERTUNG)
Und die Betonung sollte bei den beiden letzten Sätzen auf **„Meine"** liegen.

Gelingt diese **Trennung der drei Ebenen**, können Sie ganz bewusst auf die **Beobachtungsebene** gehen. „*Du redest und bist nicht dran!*" ist von allen, die die Szene beobachten, ebenso sichtbar und leicht **mit der fehlenden Regeleinhaltung in Zusammenhang** zu bringen. Konfrontiert die Lehrkraft Pauline jedoch mit: „*Dich interessieren die Hausaufgaben wohl nicht!*", kann die Schülerin sehr leicht argumentieren, dass dies ja gar nicht stimme. Im schlechtesten Fall entsteht eine **Diskussion**, die dem Unterricht vorerst ein Ende bereitet – womit wir bei der nächsten möglichen Falle wären.

Sich auf Diskussionen einlassen

Besonders ältere Schüler*innen, aber zunehmend auch jüngere verstehen es gut, die Lehrkräfte in (oft zeit- und nervenraubende) Diskussionen zu verwickeln. Diese durchaus lobenswerte Fähigkeit, **ins Gespräch zu kommen** und ggf. auch **Regeln zu hinterfragen**, wirkt allerdings häufig **wie eine Strategie**, um von der eigentlichen Frage abzulenken, nämlich der nach der Regeleinhaltung. Manche Schüler*innen entwickeln ein regelrechtes Geschick, solche Diskussionen anzuzetteln und damit auch **Unterricht zu vermeiden**.

Im Rahmen des Regeltrainings fühlen sich gerade solche Schüler*innen, die auch sonst gerne „diskutieren", aufgerufen, die **Trainingsvereinbarungen** während des Unterrichts **infrage zu stellen**. Lassen Sie sich auf die Diskussion ein, hat dies zur Folge, dass **das eigentliche Ziel**, dass der

Unterricht **ungestört** stattfinden kann, nicht erreicht wird. Und als Nebeneffekt ergibt sich gelegentlich, dass Sie am Ende der Diskussion, die nicht selten mit einem ganz anderen Thema als dem ursprünglichen endet, nicht mehr auf **die Regelverletzung** zurückkommen und dadurch die angekündigte Folge „vergessen". Um dies zu vermeiden, sollten Sie sich beim Regeltraining so wenig wie möglich auf Diskussionen einlassen. Wir sprechen gerne von **Diskussionseinladungen**, die die Schüler*innen aussenden, die Sie als Lehrperson aber freundlich ablehnen sollten.

Im Folgenden haben wir einige gängige Diskussionseinladungen mit den **zugehörigen freundlichen Ablehnungen** zusammengestellt. Wir beziehen uns dabei auf *die Trainingsregel „Ich rede nur, wenn ich dran bin."*:

Einladung 1: „Ich hab doch gar nichts gemacht."

Dies ist vielleicht der **häufigste Satz**, der von Schüler*innen geäußert wird, wenn sie mit ihrer Regelübertretung konfrontiert werden. Indem das, was man gemacht hat, erst einmal abgestritten wird, wird die Lehrkraft verunsichert, ob ihre eigenen Beobachtungen stimmen. Unterschwellig wird suggeriert, dass man ja nicht verantwortlich gemacht werden könne für etwas, das „gar nicht passiert" ist. Als Folge kann eine Diskussion entstehen, ob die Regelverletzung denn überhaupt stattgefunden hat. Dies kann besonders dann langwierig werden, wenn andere Schüler*innen sich in die Diskussion einmischen und behaupten, sie hätten auch gesehen, dass der*die betreffende Schüler*in „gar nichts gemacht" habe. Dann wird plötzlich mit der ganzen Klasse diskutiert – und an Unterricht ist meist nicht mehr zu denken.

Die Ablehnung der Einladung besteht darin, bei der **eigenen Beobachtung** zu bleiben und diese ggf. zu **wiederholen**, auch wenn andere „Argumente" angeführt werden.
Die Antwort könnte lauten:
➡ *„Ich habe gesehen, dass du geredet hast."*

Beharrt der*die Schüler*in darauf, dass er*sie „nichts gemacht" hat, ist es möglich, dies darauf zurückzuführen, dass er*sie gar nicht gemerkt hat, dass er*sie geredet hat (Es gibt tatsächlich Schüler*innen, die Dinge tun, ohne es selbst wahrzunehmen). In diesem Fall sollten Sie nicht über das Ob diskutieren, sondern **einen Beobachtungsauftrag geben**: *„Okay. Wenn du nicht gemerkt hast, dass du redest, wäre es wichtig, das zu lernen. Dann achte für den Rest der Stunde doch einmal auf dich selbst, ob du gerade redest oder nicht."* Auf die ursprünglich **angekündigte Folge** sollte dennoch nicht verzichtet werden.

Einladung 2: „Der*die hat aber auch geredet!"

Hinter dieser Diskussionseinladung steckt die Idee, dass man nicht für sein Tun verantwortlich sei, wenn andere auch die Regel übertreten haben. In dem Moment, in dem auch ein*e andere*r sich nicht an die Regel hält, ist es nicht mehr so schlimm, es selbst zu tun, besonders wenn man ja „nur" antwortet.

Da die meisten Lehrkräfte richtigerweise **gerecht sein** wollen, verschiebt sich die **Aufmerksamkeit der Lehrperson** häufig schnell auf die *„anderen, die sich ja auch nicht an die Regel gehalten"* haben – und die daraus entstehende Diskussion dreht sich hauptsächlich darum, ob nun die anderen geredet haben oder nicht. Diese werden dies natürlich abstreiten und sogleich steht **Aussage gegen Aussage**. Da die Lehrkraft die Regelverletzung bei den anderen Schüler*innen nicht selbst wahrgenommen hat und sie nicht ungerechtfertigterweise die angekündigte Konsequenz durchführen will, beendet die Lehrperson häufig die Diskussion, ohne auf die **ursprüngliche Regelverletzung** zurückzukommen.

Die Ablehnung der Einladung besteht darin, **keine Diskussion über „die anderen"** zu führen, sondern stringent bei der Person zu bleiben, bei der die Regelmissachtung beobachtet wurde.
Die Antwort könnte lauten:
➡ *„**Du** hast dich entschieden, zu reden, und damit die Regel nicht eingehalten. Du weißt, was dann folgt."*

Einladung 3: „Ich hab doch nur ..."

Die Logik hinter dieser Einladung besagt, dass die Regelverletzung *„nicht so schlimm"* sei, weil man z. B. ja nur kurz zum*zur Sitznachbar*in, nur zum Unterricht geredet oder nur vergessen habe, sich zu melden. Durch **die Verharmlosung der Regelverletzung** ergeht der **heimliche Auftrag an die Lehrkraft**, nun doch nicht so streng zu sein, dass die Regelverletzung ja weniger zähle als andere. Die Lehrkraft ist dann vielleicht geneigt, *„mal nicht so zu sein"* und über die Regelverletzung hinwegzusehen. Oder es entsteht eine langwierige Diskussion darüber, ob diese Art des Redens weniger schwer wiegt als eine andere Art des Redens. Auf diese Diskussion sollten Sie sich insbesondere zu Beginn des Regeltrainings keinesfalls einlassen, da damit der **Diskussion über die Geltung von Regeln** Tür und Tor geöffnet ist. Selbst wenn Sie als Lehrperson durchaus sehen, dass es einen Unterschied darstellt, ob man den*die Sitznachbar*in um ein Radiergummi bittet oder ob man eine Beleidigung durch das Klassenzimmer ruft, ist es wichtig, hier **keine moralische Wertung** einzubeziehen. Denn moralische Werte können

sehr unterschiedlich sein (siehe Einladung 4) und die Diskussion darüber sollte nicht während des Regeltrainings im Unterricht geführt werden, sondern **an anderer Stelle** (z. B. im Klassenrat).
Die Antwort könnte lauten:
- ➡ *"Du kennst die Trainingsregel. Wenn du dich entscheidest, zu reden, weißt du, was die Folge ist."*

Einladung 4: „Bei Herrn Müller dürfen wir das auch."

Diese Diskussionseinladung zielt darauf ab, **das gezeigte Verhalten als legitim darzustellen**, indem eine **andere Instanz** angeführt wird (hier Kollege Müller), die das Verhalten erlaubt. Hier kann sich nun eine längere Diskussion entspinnen, ob die angeführte Instanz legitimiert ist oder nicht. Insbesondere wenn die Eltern zitiert werden (z. B. *"Mein Vater sagt auch, ich darf das!"*), sollte darüber keine Diskussion geführt werden. Gelegentlich wird dann noch der Beruf des Vaters (z. B. Rechtsanwalt) angeführt, wodurch sich manche Lehrkraft in die Enge getrieben fühlt. Hier ist es nun wichtig, die **Einladung auszuschlagen**, indem Sie betonen, dass die Regeln **im eigenen Unterricht** allein von Ihnen selbst verantwortet werden und es zudem eine **Trainingsvereinbarung mit der Klasse** gibt.
Die Antwort könnte lauten:
- ➡ *"Du kennst die Trainingsregel in meinem Unterricht."*

Sollte der*die Schüler*in auf der Legitimation durch den Vater oder eine andere **außerschulische Instanz** beharren, sollte die Antwort lauten:
"Dein Vater kann gerne ein Gespräch mit mir vereinbaren."
Danach sollte die **angekündigte Folge** beibehalten werden.

An diesem Beispiel zeigt sich, dass es in besonders lauten Klassen sinnvoll ist, dass die Lehrkräfte **eine gemeinsame Trainingsregel für alle Unterrichtsfächer** aufstellen und das Training **in enger Absprache** durchführen.

Einladung 5: „Ich kann nichts dafür. Das passiert einfach so mit mir."

Bei dieser Diskussionseinladung möchte der*die Schüler*in verdeutlichen, dass er*sie angeblich nichts dafür kann, dass er*sie sich nicht an die Trainingsregel gehalten hat. Er*sie habe überhaupt **keine Kontrolle über das eigene Tun**. Daraus ergibt sich möglicherweise eine Diskussion über die **Steuerungsfähigkeit** des Schülers bzw. der Schülerin. Im Verlauf dieser Diskussion wird sich der*die Schüler*in zunehmend **als Opfer** eines von ihm*ihr nicht zu verantwortenden Vorgangs darstellen. Hier hilft als Ablehnung der Einladung oft schon eine kurze Gegenfrage.

Die Antwort könnte lauten:
➜ *„Wer entscheidet, ob du redest oder nicht?"*

Diese Frage verwirrt zunächst und der*die Schüler*in weiß, dass die Diskussionseinladung abgelehnt wurde. Oder er*sie beginnt, nachzudenken, und wird als Antwort zugeben müssen, dass nur er*sie selbst entscheidet, ob er*sie spricht. Daraus folgt dann die folgende Entgegnung von Ihnen:
➜ *„Wenn du dich dazu entscheidest, die Regel nicht einzuhalten, weißt du, welche logische Folge daraus entsteht."*

Beharrt der*die Schüler*in darauf, dass er*sie ja nun **keine Kontrolle** über sich selbst habe und es „einfach so" mit ihm geschehe, sollte eine **Beobachtungsaufgabe** gegeben werden (siehe Einladung 1), ohne dass auf die angekündigte logische Folge verzichtet wird.

Einladung 6: „Immer ich. Sie sind so unfair."

Bei dieser Diskussionseinladung wird ganz offen an das **Gerechtigkeitsgefühl der Lehrperson** appelliert. Der*die Schüler*in argumentiert, dass die Lehrkraft ihn*sie (absichtlich) ungerecht behandelt. Manchmal wird noch ergänzt, dass sie ihn*sie ja „auf dem Kieker" habe.
Hier fühlt sich die Lehrperson häufig gedrängt, wortreich zu rechtfertigen, warum sie **gerecht und fair** und dass die **Wahrnehmung** des Schülers bzw. der Schülerin falsch sei. Diese Diskussion ist in der Regel fruchtlos, da der*die Schüler*in davon überzeugt ist (oder zumindest so tut), dass die Lehrkraft „unfair" sei. Da ist die **Rechtfertigung** von Ihnen kontraproduktiv, da dies eher zu „Ja, aber"-Spielen animiert. Eine solche Diskussion ist vor der ganzen Klasse noch weniger zielführend. Deshalb sollten Sie die Einladung ablehnen und entweder bei dem gerade gezeigten Verhalten des Schülers bzw. der Schülerin bleiben, indem Sie sagen:

➜ *„Ich sehe, dass **du** dich gerade nicht an die Trainingsregel hältst."*

oder sich auf **das Gefühl der unfairen Behandlung** beziehen und antworten:

➜ *„Wenn du dich ungerecht behandelt fühlst, kannst du es aufschreiben und wir sprechen später darüber."*

Auf die angekündigte Folge sollte auch hier nicht verzichtet werden.

Fokussieren auf Schüler*innen, die die Regeleinhaltung nicht schaffen (wollen)

Eine weitere Falle besteht darin, die **eigene Aufmerksamkeit** auf die Schüler*innen zu fokussieren, die die Regeleinhaltung auch im Rahmen des Regeltrainings nicht verbessern können oder wollen. Wir erleben in unserer Arbeit mit Schulklassen immer wieder, dass sich bei der überwiegenden Mehrheit der Schüler*innen deutliche Verbesserungen ergeben, dass die Lehrkraft aber dennoch unzufrieden ist, weil ein oder zwei Schüler*innen **keine bessere Regeleinhaltung** zeigen. Die Schlussfolgerung daraus ist gelegentlich, dass das Training als nicht erfolgreich bewertet wird und die Lehrperson geneigt ist, das Training abzubrechen, da es ja „nichts nütze". Gerade in als besonders laut empfundenen Klassen ist es dagegen wichtig, **die kleinen Fortschritte zu sehen**. Dass es immer auch mal einen Rückschlag geben kann, ist normal und bei der Arbeit mit Kindern und Jugendlichen eher die Regel als die Ausnahme. Auch beim Training von Inhalten des Bildungsplans ist der Lernweg meist nicht linear. Hilfreich ist es, die **eigene Aufmerksamkeit** auf die **Fortschritte in der Klasse** und auf die **Fortschritte einzelner Schüler*innen** zu lenken. Das gelingt meist gut über die **Dokumentationslisten** (Planungshilfe 3).

Stellt sich nach einer gewissen Trainingsdauer heraus, dass einzelne Schüler*innen mit dem Training nicht erreicht werden, ist es wichtig, dass Sie sich nicht in einen Machtkampf mit dem*der Schüler*in verwickeln. Treten Sie stattdessen gedacht einen Schritt zurück, begeben Sie sich also in eine **Metaposition** und suchen Sie nach **Alternativen** für diese*n Schüler*in. Welche Alternativen sich anbieten, hängt natürlich von den Gegebenheiten vor Ort und dem*der betreffenden Schüler*in ab. Eine **Zusammenstellung der Möglichkeiten** findet sich unten bei den häufig gestellten Fragen (siehe S. 146).

Das Gelingende vergessen

Mit der Fokussierung auf die Schüler*innen, die die Regeleinhaltung nicht schaffen wollen, geht meist auch einher, dass die Lehrkraft das **Gelingende in der Klasse** aus dem Blick verliert. In jeder noch so lauten oder schwierigen Klasse gibt es Dinge, die gut laufen – und seien sie auch noch so klein. Diese gelingenden Dinge aufzuspüren, ist für alle – Sie und Ihre Schüler*innen – hilfreich und motivierend. Gelingendes zu sehen, hilft Ihnen dabei, weiterhin motiviert in eine Klasse zu gehen und den **Glauben an das eigene Tun** zu behalten. Den Schüler*innen der Klasse hilft es, weiterhin an die **eigene Selbstwirksamkeit** zu glauben und dies auch zu spüren, da ihnen das Gelingende immer wieder zurückgemeldet wird.

Viele laute Klassen schreiben sich aufgrund vieler **negativer Rückmeldungen** von Lehrkräften ohnehin alle möglichen negativen Eigenschaften zu. Daraus entstehen dann **Selbstzuschreibungen**, wie *„Wir sind sowieso die schlimmste Klasse. Das sagen alle."* oder *„Wir können gar nicht leise sein. Das ist eben so bei uns."* Diese Selbstzuschreibungen haben einen bedeutsamen **Effekt auf das Verhalten** von Klassen und verstärken meist, dass Schüler*innen sich nicht an Regeln halten, da „man ja eh nichts machen kann" oder „die Klasse eben so ist".

Besser ist es also, ganz gezielt nach Gelingendem zu suchen und dies zurückzumelden. Siehe dazu auch Kapitel 7 (S. 151).

Was sonst noch wichtig ist

▎Eltern informieren

Wenn Sie in Ihrer Klasse ein Anti-Laut-Programm durchführen, ist es empfehlenswert, auch die Eltern über das Programm zu informieren. Die Eltern sind in jeder Klasse eine **wichtige Säule für das gelingende Lernen**, wenn sie zu Hause die Arbeit der Schule **positiv begleiten**. Im Bereich des Regellernens können sie sogar eine echte Stütze werden, denn wenn die Eltern über Hintergrund und Durchführung **gut informiert** sind, tragen sie meist die grundsätzliche Linie (dass sich die Einhaltung von Regeln lohnt und die Nichteinhaltung Folgen hat) mit.

Wir gehen davon aus, dass Sie ohnehin in einem **positiven Austausch** mit den Eltern Ihrer Lerngruppe stehen. Positiv ist der Austausch dann, wenn er auf Augenhöhe stattfindet und echtes Interesse an der Sichtweise der Eltern gezeigt wird. Aufbauend auf einer solchen Beziehung, ist es nicht allzu schwierig, die Eltern über die **Notwendigkeit von Regeleinhaltung** und das Programm zu informieren und ihre – eventuell auch **kritischen Fragen** – zu beantworten. Auch wir führen im Rahmen unserer Arbeit in „schwierigen" Schulklassen regelmäßig einen Elternabend durch und erleben dabei immer wieder, wie wichtig es ist, die Eltern sozusagen als **„Hintergrundakteurinnen und -akteure"** in das Training mit einzubeziehen. Gleichzeitig lässt sich dadurch sicherstellen, dass die Eltern die Informationen über das Anti-Laut-Programm direkt erreichen und diese Informationen nicht durch die Wahrnehmung des Kindes „gefiltert" sind.

In den Fällen, in denen das Training eher einen **präventiven Charakter** hat (z. B. mit sehr jungen Schüler*innen), ist es ggf. ausreichend, eine **kurze schriftliche Information an die Eltern** herauszugeben. Wann immer möglich, sollte aber dem **persönlichen Kontakt** der Vorzug gegeben werden, da so auch auftauchende Fragen unmittelbar beantwortet werden können. Ist ein Elternabend zeitnah zu Beginn des Trainingsprogramms nicht möglich, sollte zumindest **das direkte Gespräch mit der Elternvertretung** der Klasse gesucht werden. Dann kann diese die auftauchenden Fragen oder Anmerkungen aus der Elternschaft bündeln und mit Ihnen besprechen.

Auch wenn Sie bisher, z. B. als Fachlehrkraft, den Kontakt zu den Eltern nicht gesucht haben, bietet sich nun die Chance, mit den Eltern eine **konstruktive Beziehung** aufzubauen, die sich in jedem Fall positiv auf die Lernatmosphäre auswirken wird. Dass die Beziehungsarbeit mit den Eltern im System Schule in vielen Bereichen – auch aus strukturellen Gründen – noch verbesserungsfähig ist, soll hier nur am Rande erwähnt werden. Wie eine gute Beziehungsarbeit in Schulen geleistet werden kann, dazu gibt es eine Vielzahl von Veröffentlichungen, von denen wir einige im Literaturverzeichnis nennen.

Häufige Fragen der Eltern

Die größte Sorge der Eltern besteht unserer Erfahrung nach darin, dass ihr Kind unfair behandelt oder an den Pranger gestellt wird. Deshalb ist es – insbesondere bei Klassen mit älteren Schüler*innen – wichtig, zu betonen, dass die Entscheidung, die Trainingsregel einzuhalten, bei dem*der Schüler*in selbst liegt. Im Programm bekommt er*sie Hilfe, sollte er*sie noch (!) nicht in der Lage sein, die Regel einzuhalten.
Im Sinne des gelingenden Unterrichts für alle in der Klasse sei es wichtigstes Ziel, dass eine ruhige Lernatmosphäre herrscht.
Dieser Argumentation können sich in der Regel alle Eltern anschließen. Dass Sie als Lehrperson selbstverständlich im Sinne der **vier Reaktionskriterien** (transparent – konsequent – fair – sachlich) handeln werden, kann hier ebenfalls betont werden.

Eine weitere häufige Frage lautet, ob denn die Kinder für „normales" **Verhalten** belohnt werden sollten. Diese Frage stellen meist die Eltern der Kinder, die – zumindest aus Sicht dieser Eltern – die Trainingsregel **„selbstverständlich" einhalten**. Gerne schließt sich hier auch die (manchmal nur verklausuliert ausgesprochene) Forderung an, dass man „die anderen Schüler*innen nur genug bestrafen" müsse, damit sich die laute Situation verbessere. Hier ist es wichtig, nicht auf den **„Bestrafungsmodus"** einzugehen, sondern die **positive Verstärkung** von **gelingender Regeleinhaltung** in den Mittelpunkt zu stellen. Wir argumentieren gerne, dass auch wir Erwachsenen uns durchaus über eine Verstärkung freuen würden (z. B. wenn wir uns immer an die Verkehrsregeln halten, dass wir nach einer gewissen Zeit einen Bonus bekämen). Das gebe es natürlich nicht, weil wir alle erwachsen seien.

Da aber die Schüler*innen noch Lernende sind, sei es durchaus sinnvoll, hier eine **kleine Lernhilfe** zu geben. Darüber hinaus – so Ihre weitere Argumentation – sei es für das große Ziel einer ruhigen **Arbeitsatmosphäre** einen Versuch wert, wenn dadurch mehr Schüler*innen die Regeleinhaltung erlernen. Hier sollte in der Wortwahl stets darauf geachtet werden, dass Sie von einem **„gemeinsamen Versuch"** oder **„gemeinsamen Probieren"** sprechen, welcher bzw. welches die Eltern in jedem Fall mit einbezieht.

Betonen Eltern weiterhin, dass **Bestrafung** der einzige richtige Weg sei, so lässt sich dem meist dadurch gut begegnen, dass Sie Folgendes darlegen: *„Wir versuchen, mit diesem Trainingsprogramm alle Schüler*innen zu erreichen und in ihrer Steuerungsfähigkeit zu unterstützen, die dies können und wollen. Durch dieses Trainingsprogramm werden wir sehr schnell herausfinden, welche Schüler*innen Unterstützung brauchen, aber auch wer die Regeln nicht einhalten will. Für diese wenigen Fälle bleibt dann immer noch die Möglichkeit der Bestrafung. Bestrafen wir allerdings von vornherein, nehmen wir uns die Chance, möglichst viele Schüler*innen auf einen guten Lernweg zu führen. Und das ist ja die Aufgabe von pädagogischem Handeln in der Schule."*

Hier können Sie gerne auch noch in einem **Appell an die Eltern** anführen, dass die Schule bzw. die Lehrkräfte hier selbstverständlich auf die **Mithilfe der Eltern** angewiesen seien und dass jeder Elternteil zu Hause **das Training positiv begleiten** könne. **Wie das geht?** Die Eltern können z. B. nachfragen, wie das Training genau funktioniert. Sie können ihrem Kind sagen, dass sie es gut finden, dass die Lehrkraft da jetzt aktiv wird und die ganze Klasse sich entschlossen hat, die Regel zu trainieren. Sie können ihr Kind bestärken, dass Regeleinhaltung eine wichtige Kompetenz für das spätere Leben ist. Und sie können ihr Kind mit den logischen Folgen leben lassen und es nicht „retten", indem sie sich bei der Lehrperson beschweren.

Kolleg*innen informieren

So wie die Eltern informiert werden, sollten Sie sowohl als Klassenlehrkraft als auch als Fachlehrkraft die übrigen in der Klasse unterrichtenden Kolleg*innen über das Training informieren. Dies kann im Rahmen einer **Klassenkonferenz** oder auch im **Einzelgespräch mit jedem Kollegen und jeder Kollegin** geschehen. Auch eine schriftliche Information ist möglich, wenngleich wir auch hier der persönlichen Ansprache den Vorzug geben. Hier geht es zunächst nicht darum, die Kolleg*innen davon zu überzeugen, dass sie ebenfalls am Training teilnehmen sollen, sondern darum, dass Sie im Wesentlichen zunächst um ein **kollegiales Mittragen** des Anti-Laut-Programms bitten. Das zeigt sich darin, dass die Kolleg*innen das Training vor den Schüler*innen nicht abwerten oder als nutzlos hinstellen, sondern es im Gegenteil als **wichtigen Schritt zum Erlernen von Regeleinhaltung** bezeichnen, wenn sie von den Schüler*innen darauf angesprochen werden.

Eine Information im Rahmen einer Klassenkonferenz hat insbesondere in einer weiterführenden Schule, die nach dem Fachlehrerprinzip arbeitet, den Vorteil, dass alle Kolleg*innen gleichzeitig informiert werden und auf demselben Informationsstand sind. Unserer Erfahrung nach gibt es fast immer weitere Kolleg*innen, die sich am Anti-Laut-Programm beteiligen möchten, da auch in ihrem Unterricht die Regeleinhaltung noch verbesserungswürdig ist. Deshalb ist es sinnvoll, die Information der Kolleg*innen vor dem Beginn des Trainings stattfinden zu lassen. Entscheiden sich weitere Kolleg*innen, am Trainingsprogramm teilzunehmen, kann entsprechend unmittelbar in der Klassenkonferenz die Anpassung an die neuen Gegebenheiten stattfinden und die Schüler*innen erfahren im Rahmen der Ankündigung bzw. der Trainingsvereinbarung, in welchen weiteren Unterrichtsfächern das Trainingsprogramm ebenfalls durchgeführt wird.

Frequently asked questions

Nachfolgend haben wir Fragen gesammelt, die uns in den letzten Jahren bei der Durchführung des Anti-Laut-Programms immer wieder begegnet sind. Vielleicht können Sie sich in einigen dieser Fragen und Überlegungen wiederfinden und erhalten durch unsere Antworten hilfreiche Impulse für die Umsetzung Ihres Trainingsprogramms. Die Sammlung kann Ihnen auch als Nachschlagemöglichkeit dienen, wenn Sie bereits mit dem Programm arbeiten.

Ist das Verlassen des Unterrichts nicht doch eine Strafe?

Es ist wichtig, dass jede Lehrkraft konsequent darauf hinweist, dass das Verlassen des Unterrichts **eine logische Folge aus der Nicht-Einhaltung der Regel** *„Ich rede nur, wenn ich dran bin"* (oder ähnlich formuliert) ist. Nur wenn sich alle an diese Regel halten, kann Unterricht für alle Schüler*innen, die dies wollen, stattfinden. Daher ist die Entscheidung des Schülers bzw. der Schülerin, sich an diese unabdingbare Regel zu halten, gleichzeitig die Entscheidung für die Teilnahme am Unterricht – und ebenso natürlich umgekehrt. Sie tun Ihre Pflicht und ermöglichen den Schüler*innen, die dies wollen, den Unterricht, der ihnen zusteht.

Natürlich kann es sein, dass der*die Schüler*in selbst das Einfordern der logischen Folge als „Strafe" empfindet und dies auch so benennt. Dann ist es wichtig, hier die eigene Sichtweise mithilfe einer passenden Formulierung (ohne das Wort „Strafe" zu thematisieren) dagegenzustellen und konsequent auf **die Entscheidungsverantwortung des Schülers bzw. der Schülerin** zu verweisen: *„Du hast dich entschieden, die Regel nicht einzuhalten. Diese Entscheidung nehme ich ernst. Allerdings folgt daraus, dass auch ich meine Verantwortung für den Unterricht ernst nehme und dafür sorge, dass die anderen eine ruhige Unterrichtsatmosphäre bekommen."*

Und wenn der*die Schüler*in aber nicht einsieht, dass er*sie sich falsch verhalten hat?

Es geht im Regeltraining zunächst nicht um Einsicht, sondern um **Regeleinhaltung** und die damit verbundene **Verhaltenssteuerung**. Es geht uns allen so: Auch wenn wir die gültigen Regeln nicht einsehen, müssen wir uns dennoch daran halten. Zeigt die Ampel z. B. Rot, ohne dass auf der „grünen" Straße ein Auto fährt, muss ich trotzdem vor der roten Ampel halten – auch wenn ich das vielleicht nicht einsehe. Daher hat es keinen Sinn, von den Schüler*innen zu verlangen, dass sie es einsehen, dass sie sich „falsch" verhalten haben. Für viele Schüler*innen – gerade in der Pubertät – ist das **Zugeben, etwas falsch gemacht zu haben**, mit einem großen **Gesichtsverlust** verbunden, insbesondere wenn etwas vor anderen Schüler*innen zugegeben werden soll. Dies wird der*die Schüler*in vermeiden wollen. Üben Sie Druck aus, weil Sie „Einsicht" hören wollen, entstehen dadurch nur **Gegendruck** oder sogar **Rachegefühle**, die für die weitere Zusammenarbeit nicht hilfreich sind. Im schlechtesten Fall solidarisiert sich die Klasse und Sie sehen sich nicht nur einem*einer „lauten" Schüler*in gegenüber, sondern einer ganzen Gruppe oder gar der ganzen Klasse. Daher ist es besser, **die moralische Diskussion über**

falsches Verhalten zu vermeiden – und lieber den*die Schüler*in mit seiner*ihrer **Entscheidung ernst zu nehmen** und die obige Argumentation zu verwenden. Hilfreich ist es, wenn Sie sich dabei ins Gedächtnis rufen, dass das Auftreten des Schülers bzw. der Schülerin nur ein Verhalten – und nicht gegen Sie selbst gerichtet ist (siehe dazu auch Kapitel 6 „Stolpersteine und Fallen", S. 133).

Was mache ich, wenn ein*e Schüler*in keine Verhaltensänderung zeigt?

Der erste Schritt sollte immer sein, zu prüfen, ob es wirklich gar keine Verhaltensänderung gibt. Vielleicht waren die Trainingsschritte nur zu groß, sodass zunächst keine Verhaltensänderung sichtbar scheint, obwohl in Wirklichkeit tatsächlich **kleine Fortschritte** zu beobachten sind. Z. B. ist es schon ein Fortschritt, wenn ein*e Schüler*in selbst bemerkt, dass er*sie geredet hat, wenn das vorher nicht der Fall war. Das zeigt sich z. B., indem er*sie die Hand auf den Mund legt, nachdem er*sie gesprochen hat, ohne aufgerufen zu sein, oder wenn er*sie selbstständig eine grüne Karte abgibt, weil er*sie gesprochen hat, ohne dass Sie es gemerkt haben. Da ist der*die Schüler*in eventuell noch weit vom **Trainingsziel** entfernt, aber das Training **zeigt bereits Wirkung** – und diese kleinen Fortschritte sollten Sie unbedingt positiv verstärkend begleiten. Manchmal liegt die Wahrnehmung „keine Verhaltensänderung" nur daran, dass nicht genau genug hingeschaut wird.

Nehmen Sie nach einer Überprüfung der eigenen Wahrnehmung dann doch Fortschritte wahr, können Sie überlegen, ob Sie für diese*n Schüler*in oder auch die Klasse das Trainingsziel weniger hoch ansetzen sollten, damit schneller ein **Erfolgserlebnis** und die **Erfahrung von Selbststeuerung** einsetzt.

Sind auch nach einer **Überprüfung der eigenen Wahrnehmung** keine Verbesserungen in der Regeleinhaltung festzustellen, so sollten Sie prüfen, ob der*die Schüler*in sich ggf. noch im „Testmodus" befindet (siehe dazu auch Kapitel 5 Schritt 4: „Ein System wählen", S. 95). Manche Schüler*innen haben durchaus einen langen Atem im Herausfinden, ob Sie tatsächlich – auch über einen längeren Zeitraum – genau das Angekündigte tun. Meist steckt dahinter die Erfahrung, dass Erwachsene zwar gerne reden, dann aber doch nicht lange durchhalten, wenn das Kind nur lang genug „nervt". Wenn Sie diesen Eindruck gewinnen, sollten Sie sich entspannt zurücklehnen – und weitermachen. Günstig ist es, den Schüler*innen dann zu signalisieren, dass sie sich **auf Ihre Konsequenz verlassen können** und Sie zu dem stehen, was vereinbart worden ist. Für den Fall, dass Sie zu dem Schluss kommen, dass tatsächlich gar kein **Fortschritt** und auch **kein Austesten** zu verzeichnen ist, gilt es, für diese*n Schüler*in **andere Formen der Unterstützung** zu suchen (siehe S. 150).

Bei einem sehr geringen Prozentsatz von Schüler*innen ist am Ende **kein Fortschritt erkennbar** – sei es, weil die Unterstützungsmöglichkeiten nicht ausreichen oder diese abgelehnt werden. Dann bleiben tatsächlich als letztes Mittel ggf. nur die **schulischen Ordnungsmaßnahmen**. Hier sollte Ihnen aber immer bewusst sein: Wer diese einmal angewendet hat, hat es schwer, glaubwürdig zu erzieherischen Unterstützungsmaßnahmen zurückzukehren. Darum sollte immer geprüft werden, ob wirklich **alle Möglichkeiten im pädagogischen Bereich** ausgeschöpft wurden.

Was mache ich mit Schüler*innen, denen es aufgrund von Einschränkungen (z. B. ADHS) schwerfällt, die Trainingsregel einzuhalten?

Selbstverständlich gibt es Schüler*innen, die bestimmte Dinge aufgrund von besonderen Einschränkungen (noch) nicht können. In der Regel sind dies Schüler*innen mit besonderen Verhaltensweisen oder auch Schüler*innen, die einen **diagnostizierten Förderbedarf** aufweisen. In diesen Fällen ist zunächst zu prüfen, ob die Einschränkung tatsächlich **die Fähigkeit zur Regeleinhaltung** bedingt. Ein*e Schüler*in mit einer körperlichen Einschränkung ist normalerweise durchaus fähig, sich an die Regel *„Ich rede nur, wenn ich dran bin."* zu halten. Auch ein*e Schüler*in mit ADHS kann die Einhaltung dieser Regel erlernen, wenn auch vielleicht in kleineren Schritten. Deshalb müssen Sie als Lehrkraft (im besten Fall gemeinsam mit der Lerngruppe, die ja in der Regel um die Besonderheit weiß) überlegen, wie das Training für diese Schüler*innen angemessen umgesetzt werden kann. Hier kann über **kürzere Trainingszeiträume** oder **angepasste Zielvorgaben** nachgedacht werden. Unserer Erfahrung nach profitieren gerade Kinder mit bestimmten Einschränkungen wie etwa ADHS von der **klaren Linie und Deutlichkeit** der Lehrperson im **Umgang mit Regelverletzungen** im Rahmen des Anti-Laut-Programms.

Gibt es Schüler*innen in der Klasse, von denen Sie als Lehrkraft zunächst nur vermuten, dass sie noch nicht in der Lage sind, die Trainingsregel einzuhalten, so sollten diese Schüler*innen zunächst ganz normal wie alle anderen in das Training einbezogen werden. Hier wird sich nach kurzer Zeit herausstellen, ob Ihre Hypothese stimmt. In diesem Fall kann dann das **Trainingsergebnis** als **Grundlage für ein Gespräch** mit dem*der Schüler*in dienen, um herauszufinden, wie der*die Schüler*in die Situation selbst sieht und ob er*sie zu **aktiver Mitarbeit an der Regeleinhaltung** bereit ist. Anschließend können Sie gemeinsam darüber nachdenken, welche niederschwelligen zusätzlichen Hilfen zielführend sein könnten (z.B. Unterstützer*in aus der Klasse, Beobachtungsbogen, Modifizierung des Trainings etc.). Stellt sich heraus, dass dies nicht ausreicht, so ist dies ein deutlicher Hinweis darauf, dass **weitere schulische oder außerschulische Unterstützungssysteme** aktiviert werden sollten. Dann kann die **Trainingsdokumentation** als Grundlage für ein Gespräch mit dem*der Schüler*in und/oder den Eltern dienen, bei dem die nächsten Unterstützungsschritte besprochen werden. Welche zusätzlichen Hilfssysteme dafür hinzugezogen werden können, beantworten wir Ihnen mit der nächsten Frage.

Welche zusätzlichen Hilfssysteme gibt es, wenn das Trainingsprogramm nicht erfolgreich ist?

Sind bei einzelnen Schüler*innen im Rahmen des Trainingsprogramms keine – also auch keine kleinen – Fortschritte erkennbar, muss über **weitere Unterstützungsmaßnahmen** nachgedacht werden. Im Mittelpunkt steht dabei die Überlegung, wie der*die Schüler*in es schaffen kann, Regeleinhaltung in dem Maße zu erlernen, dass eine **Teilnahme am Unterricht** möglich ist. Ziel dabei ist es, zu erreichen, dass der*die Schüler*in eine **erfolgreiche Schullaufbahn** absolvieren kann und auch die Mitschüler*innen der Klasse den versprochenen guten Unterricht erhalten können. Nachfolgend geben wir Ihnen einen Überblick darüber, welche **Möglichkeiten zusätzlicher Hilfssysteme** bestehen. Da die Zuständigkeiten und Schulstrukturen in jedem Bundesland anders sind, ist jede Lehrperson aufgerufen, die eigenen innerschulischen und außerschulischen Möglichkeiten zusammenzutragen und – wenn möglich und meist auch erforderlich – **in Zusammenarbeit mit den Eltern** das Zielführendste auszuwählen.

Folgende Möglichkeiten zusätzlicher Hilfssysteme sind denkbar:
- Zusammenarbeit mit der Schulsozialarbeit oder der Schulpsychologie (z.B. Entwurf und Begleitung eines individuellen, engmaschig begleiteten Lernprogramms)
- Einbeziehen einer Beratungs- oder Vertrauenslehrkraft
- sonderpädagogische Begutachtung und Begleitung
- Beratung/Therapie durch eine außerschulische Stelle
- Beantragung einer Schulbegleitung
- Beschulung in einer Schule, die besser auf die besonderen Bedürfnisse eingehen kann

7.
Und zum Schluss: Das gibt mir Kraft!

Nun haben Sie bis zum Ende dieses kleinen Leitfadens durchgehalten und sind hoffentlich motiviert, selbst einen **Trainingsplan zu entwerfen und ein Trainingsprogramm durchzuführen**. Wir sind überzeugt, dass mit guter Planung und stringenter Durchführung des Anti-Laut-Programms eine deutliche Verringerung der Unterrichtslautstärke erreicht wird. Aber: **Es wird auch Rückfälle und Rückschritte geben.** Das ist normal. Trotzdem frustriert es manchmal. Deshalb ist es wichtig, für sich selbst **einen Ort zum Kraft- und Motivation-Schöpfen** zu haben. Wir nennen das einen „Goldenen Korb", in dem alles gesammelt wird, was uns Kraft und Durchhaltevermögen gibt, auch wenn es mal schwierig wird.

Wir sind überzeugt, dass es gerade für Sie als Lehrkraft wichtig ist, immer wieder die eigenen Akkus aufzuladen, denn **Ihre Arbeit** ist nicht nur sehr **erfüllend**, sondern oft auch sehr **kraftraubend**. Die Anforderungen wachsen, während das System Schule wenig flexibel auf **neue Anforderungen** reagiert. Gleichzeitig ist Schule oftmals weiterhin ein **fehlerorientiertes System**, welches eher das Nicht-Gelingende als das Gelingende in den Blick nimmt. Über **die Wichtigkeit der Verstärkung von Gelingendem** bei Schüler*innen haben wir in diesem Buch schon viel gesprochen. Beim Füllen des Goldenen Korbs geht es nun auch darum, sich selbst bewusst zu machen, was **die eigenen Stärken** sind und **wie viel Gelingendes** der eigene Alltag bereits bereithält.

Deshalb haben wir für Sie im Folgenden **einige Denkanstöße** zusammengestellt, mit deren Hilfe Sie **Ihren ganz persönlichen Goldenen Korb** füllen können – und auf den Sie dann zurückgreifen können, wenn Sie es brauchen. Zu jedem Denkanstoß geben wir eine kleine Einführung, in der wir erklären, warum wir diesen für Sie ausgewählt haben.

> **TIPP**
> Nehmen Sie sich Zeit und ziehen Sie sich mit einer Tasse Kaffee oder Tee oder etwas, das Ihnen ein gemütliches Gefühl gibt, an einen ruhigen Ort zurück. Schreiben Sie als Brainstorming – also ohne viel darüber nachzudenken – auf, was Ihnen zu den Impulsfragen einfällt. Wenn Sie es nicht gleich hier eintragen wollen, können Sie es auch zuerst auf Klebezetteln notieren und später sortieren. Wir empfehlen, nicht alle Anregungen auf einmal zu bearbeiten, sondern höchstens ein oder zwei pro „Kaffee-/Teesession". Dabei können Sie auch hin- und herspringen und jeweils die Anregung zum Füllen des Goldenen Korbes wählen, die Sie gerade anspricht.

Denkanstoß 1: Die Erinnerung an die eigene, ursprüngliche Motivation oder Vision gibt Kraft und hilft, die eigene Motivationsquelle wiederzufinden.

Als Sie sich entschieden haben, den Lehrberuf zu ergreifen, was hat Sie bewegt? Was war Ihre Vision/Motivation?

....

....

....

....

....

....

Denkanstoß 2: Manchmal sind Sie vielleicht frustriert oder gar verzweifelt, weil Sie den Eindruck haben, nichts gelingt. Aber das stimmt nicht! Wenn Sie genau hinschauen, gibt es oft sogar viele (kleine) Dinge, die gelingen. Loben Sie sich selbst.

Was gelingt Ihnen gut in Ihrem Beruf? Womit sind Sie zufrieden? Wofür geben Sie sich selbst einen Pluspunkt oder ein Herzchen? (siehe Kapitel 3 „Loben und verstärken", S. 50)

+ ♥ ....

+ ♥ ....

+ ♥ ....

+ ♥ ....

+ ♥ ....

+ ♥ ....

Denkanstoß 3: Nicht nur bei Ihnen, sondern gerade auch in „lauten" Klassen, die Sie als schwierig empfinden, gibt es immer Dinge, die gut laufen. Schauen Sie genau hin und freuen Sie sich darüber!

Was läuft in Ihrer „lauten" Klasse gut?
Welche – auch kleinen – gelingenden Dinge können Sie entdecken?
In der Arbeit mit der ganzen Klasse? Bei einzelnen Schüler*innen?

+ ♥ ....

+ ♥ ....

+ ♥ ....

+ ♥ ....

+ ♥ ....

Denkanstoß 4: Das Leben besteht nicht nur aus Schule und auch nicht nur aus herausfordernden Klassen. Wenden Sie den Blick den Dingen zu, die für Sie sonst noch wichtig sind, bekommen diese wieder mehr Gewicht und Sie können Distanz zu den Problemen herstellen und damit auch leichter Entspannung für den anstrengenderen Bereich in Ihrem Leben erreichen.

Was ist Ihnen in Ihrem Leben wichtig?

Denkanstoß 5: Versuchen Sie, sich Ihrer Kraftquellen bewusst zu werden. Dies können Personen, Orte oder Tätigkeiten sein. Wenn Sie herausgefunden haben, was Ihnen guttut, dann tun Sie mehr davon!

> Wo holen Sie sich Kraft, wenn es einmal nicht so gut läuft?
> Was tut Ihnen gut?

....

....

....

....

....

....

Denkanstoß 6: Jede*r von uns hat schon einmal ein Tief überwunden oder aus angestautem Ärger wieder herausgefunden. Diese Erfahrung hilft Ihnen auch in zukünftigen schwierigen Situationen, wenn Sie es schaffen, Zugriff auf diese Strategie zu erlangen. Machen Sie sich Ihre persönlichen Strategien als Ressource zugänglich. Vielleicht möchten Sie diese anschließend aufschreiben und mit an Ihren Arbeitsplatz nehmen.

> Wenn Sie ein Tief haben, schlechte Laune oder Ärger fühlen, wie haben Sie es in der Vergangenheit geschafft, darüber hinwegzukommen oder wieder herauszukommen?

....

....

....

....

....

Was würde Ihnen am besten helfen oder guttun, wenn Sie einen schwierigen Tag mit Ihrer lauten Klasse hatten?

....
....
....
....
....
....

Denkanstoß 7: Betrachten Sie den folgenden Denkanstoß als Experiment. Er kann Ihnen helfen, aus einem anstrengenden, belastenden Zustand in einen positiven, kraftvollen Zustand zu wechseln. Unser Gehirn hat viele Ich-Zustände gespeichert und manchmal ist es ausreichend, nur einen Teil eines positiven Ich-Zustands zu aktivieren, und schon ist das ganze Netzwerk dieses Ich-Zustands aktiviert. Probieren Sie es aus.

Dieser Denkanstoß besteht aus vier Teilen, den Sie auch in vier Schritten jeweils mit einer Pause dazwischen durchlaufen können. Nehmen Sie sich Zeit für die einzelnen Schritte und nutzen Sie die kreativen Anregungen. Sie können malen, singen, entsprechende Körperhaltungen annehmen oder was immer Ihnen gefällt und Freude bereitet.

Teil 1: Denken Sie zurück an eine Situation, einen Moment oder eine Begebenheit in Ihrer Tätigkeit als Lehrkraft, bei der Sie sich kraftvoll und in sich ruhend erlebt haben. Welche Situation, Begebenheit oder welcher Moment war das?

....
....
....
....

Teil 2: Wie hat sich das angefühlt? Malen Sie sich diese Situation, diesen Moment oder diese Begebenheit aus und konzentrieren Sie sich ganz auf das dabei entstehende Gefühl. Versuchen Sie, es zu beschreiben. Sie können auch malen oder eine Musik aufschreiben.

Teil 3: Stellen Sie sich jetzt genau vor …

wie groß Sie sich in diesem Moment gefühlt haben:

....

wie alt Sie sich gefühlt haben:

....

wie viel Raum Sie eingenommen haben:

....

welche Körperhaltung Sie gehabt haben:

....

Teil 4: Bleiben Sie noch einmal ganz intensiv bei diesem Moment und versuchen Sie, ein Erinnerungsbild zu finden, das Sie immer an dieses Gefühl erinnert. Dies kann z. B. ein Bild, ein Symbol, ein Lied, eine Farbe oder eine Bewegung sein.
Was ist es für Sie? Halten Sie es hier fest:

Aktivieren Sie Ihr Erinnerungsbild oder ändern Sie Ihre Körperhaltung so, wie Sie sie oben beschrieben haben, wenn Sie das nächste Mal in eine Situation kommen, in der Sie sich ganz anders als in Denkanstoß 7 beschrieben fühlen. Sie werden überrascht sein, welche Auswirkungen dies auf Sie hat.

Bestimmt sind Ihnen im Laufe des Füllens Ihres persönlichen Goldenen Korbes noch mehr Ideen gekommen, mit was Sie ihn weiter füllen können. Die gute Nachricht: **Der Goldene Korb wird nie voll.** Es passt immer noch etwas hinein. Mit etwas Übung werden Sie im Laufe der Zeit immer mehr sammeln von dem, was gelingt, was Ihnen Kraft spendet oder Ihnen guttut. Füllen Sie den Goldenen Korb, wann immer Sie können, gerne auch gemeinsam mit einem Kollegen oder einer Kollegin zur gegenseitigen Unterstützung.

Nutzen Sie Ihren persönlichen und ganz individuellen Goldenen Korb, um an unruhigen Klassen nicht zu verzweifeln, sondern gestärkt und mit einer eigenen Haltung auf Ihre „lauten" Lerngruppen zu blicken. Mithilfe der Methoden des **Anti-Laut-Programms** wird es Ihnen gelingen, gemeinsam mit Ihren Schüler*innen an einer positiven Lernatmosphäre zu arbeiten und wieder **Ruhe, Struktur und Disziplin** einkehren zu lassen.

Wir wünschen Ihnen alles Gute und freuen uns, wenn Sie uns eine kurze Rückmeldung zu Ihrem Training unter info@blum-educonsult.de geben.

Anhang

Literaturverzeichnis und Medientipps

Aich, Gernot; Kuboth, Christina; Gartmeier, Martin und Sauer, Daniela (Hrsg.): **Kooperation und Kommunikation mit Eltern.** Verlagsgruppe Beltz: Weinheim Basel, 2017.

Blum, Eva und Blum, Hans Joachim: **Der Klassenrat.** Verlag an der Ruhr: Mülheim an der Ruhr, 2012.

Blum, Eva und Blum, Hans Joachim: **Konflikte im Klassenzimmer deeskalieren und konstruktiv bearbeiten.** Verlag an der Ruhr: Mülheim an der Ruhr, 2015.

Brosche, Heidemarie: **Wie Wertschätzung in der Schule Wunder wirkt.** Cornelsen Verlag: Berlin, 2017.

Bründel, Heidrun und Simon, Erika: **Die Trainingsraummethode.** Verlagsgruppe Beltz: Weinheim Basel, 2007.

Damm, Marcus: **Guter Unterricht braucht Beziehungen.** Schemapädagogik – ein Ansatz zum Umgang mit verhaltensauffälligen Schülern. Kallmeyer: Seelze, 2018.

Gordon, Thomas: **Lehrer-Schüler-Konferenz.** Wie man Konflikte in der Schule löst. Heyne Verlag: München, 2012.

Herrmann, Ulrich (Hrsg.): **Pädagogische Beziehungen.** Grundlagen, Praxisformen, Wirkungen. Beltz Juventa: Weinheim, 2019.

Juul, Jesper: **Das kompetente Kind.** Auf dem Weg zu einer neuen Wertgrundlage für die ganze Familie. Rowohlt Verlag: Hamburg, 1997.

Lemme, Martin und Körner, Bruno: **Neue Autorität in Haltung und Handlung.** Ein Leitfaden für Pädagogik und Beratung. Carl-Auer-Verlag: Heidelberg, 2019.

Medvedev, Alexei: **Heterogene Eltern.** Die Kooperation von Eltern und Schule neu denken und umsetzen. Verlagsgruppe Beltz: Weinheim Basel, 2020.

Müller, Else: **Du spürst unter deinen Füßen das Gras.** Autogenes Training in Phantasie- und Märchenreisen. Fischer Taschenbuch Verlag: Frankfurt, 2017.

Rosenberg, Marshall B.: **Gewaltfreie Kommunikation.** Eine Sprache des Lebens. Junfermann Verlag, Paderborn, 2016.

von Schlippe, Arist und Schweitzer, Jochen: **Lehrbuch der systemischen Therapie und Beratung I.** Das Grundlagenwissen. Vandenhoeck & Ruprecht: Göttingen, 2016.

Internet

www.atelier-lebenskunst.ch
Internetangebot des Atelier Lebenskunst von Philippe Junod mit Materialien zu einer lösungsorientierten Didaktik (LOA) und Konzepten und Tipps für einen störungsfreien Unterricht

www.hierfindichwas.de/fantasiereise-kinder/
Internetangebot von Bärbel Schellenberg zum Entspannen, Meditieren und Träumen mit Fantasiereisen für Kinder